Devocional
Inspirações
para o seu
DIA

Fortalecidas pela Palavra

volume um
janeiro a junho

VAND PIRES
e convidadas

books

UPBooks, 2021
Itapira, SP

Primeira edição 2021 – Impresso no Brasil

Editor
Eneas Francisco

Organizadora
Vand Pires

Copyright 2021 by Vand Pires
Todos os direitos desta edição são
reservados à Editora UPBooks.
www.upbooks.com.br
cpbereana@gmail.com

Revisão
Thaís Silva

Capa
César Franca

Dados Internacionais de Catalogação na Publicação (CIP)
(eDOC BRASIL, Belo Horizonte/MG)

P667d

Pires, Vand.
    Devocional: inspirações para o seu dia: fortalecidas pela palavra
/ Vand Pires e convidadas. – Itapira, SP: UPBooks, 2021.
    194 p. : 14 x 21 cm – (Devocional Inspirações para o seu dia
2021. Janeiro a Junho; v. 1)

    ISBN 978-65-88545-13-3

    1. Bíblia – Reflexões. 2. Literatura devocional. 3. Vida cristã.
I.Título.
                                                              CDD 248.4

Elaborado por Maurício Amormino Júnior – CRB6/2422

*Ao meu querido esposo Eneas Francisco
por sempre me incentivar a continuar. Sou grata por seu
apoio e dedicação. Você é uma pessoa incrível
e também meu grande amor.
Te amo!*

 **Recomeçar**

"Em tudo somos atribulados, mas não angustiados; perplexos, mas não desanimados. Perseguidos, mas não desamparados; abatidos, mas não destruídos..." II Coríntios 4:8,9

Estamos entrando em 2021 e acredito que como eu, você deve ter um novo olhar para tudo ao seu redor.

O ano de 2020 foi atípico para todos nós. Quem poderia imaginar que viveríamos um tempo como esse, enfrentando uma pandemia que nos distanciaria de parentes e amigos? Escolas, igrejas, centros culturais e shoppings foram fechados e muitas pessoas tiveram que trabalhar em *home office*. As atividades que nos eram comuns como caminhar, correr e passear, receberam um acessório essencial: a máscara. E não foi só isso. Enfrentamos perdas terríveis. Muitos entes queridos, vizinhos e amigos de perto e de longe se foram. Nunca antes lemos tanto a palavra luto.

O ano acabou e é hora de recomeçar. Hora de juntar tudo o que restou arregaçar as mangas e ir à luta, orando e pedindo a Deus que essa vacina seja eficaz.

Mas as perdas não pararam por aí. Muitas outras doenças, acidentes e fatalidades aconteceram e nos levaram pessoas preciosas. Soma-se a isso o fato de que as finanças de muitos foram negativamente impactadas.

Em meio a todas essas experiências, estou aqui para encorajá-la a elevar seus olhos para os montes de onde vem o nosso socorro; nosso socorro vem do Senhor que fez os céus e a terra. Nosso Deus – todo-poderoso – continua no controle de todas as situações das nossas vidas e vai nos ajudar a recomeçar. Afinal, Ele permitiu que você sobrevivesse e chegasse a 2021.

Que nesse recomeço você traga esperança em sua bagagem e que um tempo novo se manifeste em sua história. Que a alegria do Senhor renove suas forças a cada amanhecer. Que no lugar da desesperança você traga à memória tudo o que Deus já fez por você e como Ele tem te sustentado até aqui. Seja livre do medo; é tempo de recomeçar.

Algo novo todos os Dias

"Assim que, se alguém está em Cristo, nova criatura é; as coisas velhas já passaram; eis que tudo se fez novo."
II Coríntios 5:17

A palavra nos inspira a viver o novo com Cristo todos os dias, viver novos sonhos, novas realidades e novas alegrias.

Estar em Cristo é ser livre de todos os jugos que tentam nos impedir de viver novas coisas. Já me vi em situações cotidianas onde acreditei que nada de novo aconteceria, às vezes por condições financeiras, muitas vezes pela idade, outras pelas impossibilidades da saúde... Enfim, em diversos momentos a minha realidade tentou me convencer de que esse versículo me serviu apenas no momento da conversão, mas não,a Palavra do Senhor é viva e eficaz, ela age em nós todos os dias, portanto podemos viver o novo diariamente.

O que muitas vezes nos paralisa é acreditar que o novo tem que ser grandioso, tem que vir com fundo musical, com pompa e circunstância; mas, e se abrirmos nossos olhos para vivermos o novo dentro do nosso lar, mudando algo de lugar em nossa casa, pintando uma parede diferente? Viver o novo como mães, mudando uma atitude negativa; viver o novo no nosso físico iniciando uma nova atividade, por exemplo?

Então, não se limite! Temos um Deus incrível e criador, portanto desfrutamos da possibilidade de nos alegrarmos e vivermos uma novidade de vida diária. Permita-se ser inspirada pelo Espírito Santo e aprenda algo novo todos os dias, anote seus aprendizados e desfrute dessa nova forma de ver a vida diariamente.

Decisões

em momentos de incerteza

"Ora, o SENHOR disse a Abrão: Sai-te da tua terra, da tua parentela e da casa de teu pai, para a terra que eu te mostrarei." Gênesis 12.1

Uau! Terminamos 2020! Quantas incertezas, quantas indecisões sobre o que fazer diante de tantas impossibilidades. Em toda parte, moradores da Terra foram arrancados de suas zonas de conforto e lançados rumo a um tempo desconhecido.

O texto bíblico acima descreve o momento da vida de Abrão e sua família e da ordem que recebeu de Deus para sair do meio de seus parentes e da casa de seu pai, rumo a uma terra que Deus mostraria. Abrão saiu de sua zona de conforto e obedeceu.

A partir desse texto, te convido, amada leitora, a juntas traçarmos uma analogia sobre a decisão que exigiu prova de fé e confiança da parte de Abrão e sobre este marcante advento na história da humanidade, provocado pela covid-19, que ainda gera muita insegurança e ansiedade no coração das pessoas, provocando desânimos, depressão e síndromes de pânico.

Assim como nós, Abrão não recebeu mapa, roteiro, tampouco GPS para seguir rumo ao desconhecido. Ele certamente exerceu sua fé e dependeu do controle do Deus soberano. Abrão não teve medo; o medo que paralisa e nos impede de ver além das circunstâncias, de avançarmos no desconhecido, impossibilitando que Ele nos entregue os tesouros escondidos; nas oportunidades de crescimentos pessoais, espirituais e materiais que surgem em meio as tribulações. Portanto te convido a tomar decisões com fé, ousadia e equilíbrio no Espírito Santo e seja feliz em 2021!

Deus falou, Ele vai fazer

"Reconhece o SENHOR em todos os teus caminhos, e Ele endireitará as tuas veredas." Provérbios 3:6

Reconhecer ao Senhor em todos os nossos caminhos requer de nós uma confiança suprema no nosso Criador. Fato é que, na hora das decisões, muitas vezes não agimos desta maneira. As experiências que vivemos servem para provar nossa confiança. Você já foi confrontado a viver ou esperar por algo que humanamente era impossível de acontecer? Já teve que buscar por algo, apenas pela promessa de Deus?

Apesar de parecer loucura, quero te encorajar a prosseguir nos propósitos do Senhor, pois Ele na Sua palavra nos garante que criou as coisas loucas deste mundo para confundir as sábias (I Coríntios 1:27). Se passar por louco num mundo onde precisamos e buscamos aprovações das pessoas ao nosso redor, não é uma tarefa fácil. É lutar contra um sistema, lutar contra padrões impostos pela sociedade em que vivemos, é pagar um alto preço de obediência. Mas, cada noite na presença do Senhor, cada momento que você escolher esperar, cada "não" que você disser a qualquer oferta que não esteja de acordo com a promessa recebida por Deus, valerá a pena.

Eu te incentivo a esperar no Senhor, esperar pela provisão, esperar pelo socorro através da obediência e da fé. Através da vida de Jesus aprendemos a obedecer a Deus. Ele é nosso modelo de vida, oração, paciência, espera e sacrifício.

Que haja em nós a consciência sobre enfrentarmos dificuldades e adversidades e a confiança de que nada pode nos separar do amor de Deus. Nele podemos confiar, saber que vai acontecer. Se Deus falou, Ele vai fazer!

Mudança

"Mas a vereda dos justos é como a luz da aurora, que vai brilhando mais e mais até ser dia perfeito". Provérbios 4:18

Quando me lembro da Carla que eu era na minha adolescência, fico muito satisfeita porque dá pra ver o quanto já consegui mudar, deixando Deus tirar da minha personalidade traços que não eram Dele. Mas o processo continua.

A Palavra diz que a vereda do justo é como a luz da aurora. E precisamos analisar se estamos brilhando mais e mais, ou se nosso dia tem caminhado de escuridão em escuridão. Mesmo que seja ainda fraca, precisa ser luz! Mesmo que esteja em crescimento, precisa ser luz!

Professor Russel Shedd diz: "continuar a praticar as obras da carne sem remorso ou arrependimento é uma prova evidente que o Espírito ainda não renovou a 'criatura'".

Quero, neste dia, te convidar a orar junto comigo para pedir ao Senhor que continue o processo de mudança e amadurecimento do nosso caráter. Que Ele mude cada traço que ainda é do velho homem, até que possamos olhar no espelho e ver o quanto de Cristo, o Varão Perfeito, está formado em nós.

E que a cada dia, o espelho nos tranquilize de que Aquele que começou essa boa obra, em Sua fidelidade, a levará até o fim.

Sexto Dia

Primeiro ato.
Um projeto inédito. Um desenho feito à mão.
Primeira inspiração, matriz, Adão.
Combinação da vontade absurda e preexistente
com o barro inerte e obediente.
A imagem é a semelhança de quem modelou as pernas,
os braços, o tronco e a face.
Pele, poros, tendões, nervos, neurônios. Multiaptidões.
Visão, olfato; mãos cheias de mágicas! Indescritíveis sensações.
Alma inflada, mente oxigenada; hemácias dispersas e vigorosas
nas artérias. Imunidade em alerta.
Metabolismo de vida.

Segundo ato.
Alma de mulher que brotou da costela solidária e viril, solidão
respondida com a conversa a dois, bem aquecida com a sopa de
lentilhas...
Sombra, saudável viver.
Suor...fome... frio...
Sexo, fusão, prazer...
Sono, sonhos, amanhecer...
Sexto dia, entardecer.
Celebre *Shabbat...Shalom*
Plenitude da criação.
Se não houvesse o primeiro dia,
O sétimo seria acaso.
Celebre a realização.
E viu Deus que tudo era muito bom.

Deus que Restaura

7 de Janeiro
por Cristiane Silva

"E Jesus afirmou-lhe: "Minha filha, a tua fé te salvou! Vai-te em paz e estejas liberta do teu sofrimento". Marcos 5:34

Essas palavras de Jesus são profundas e curadoras. Uma mulher que rompe com as impossibilidades e experimenta a restauração na alma, corpo e espírito.

Ela vai até Jesus e toca na orla do Mestre, extrai virtude (poder) e recebe a cura no seu corpo que padecia de uma enfermidade de fluxo de sangue há doze anos. Quando Jesus parou no meio da multidão e perguntou quem havia Lhe tocado, a mulher, tremendo e temendo, contou toda a verdade, ou seja, toda a história até aquele momento.

Jesus, que sonda o coração, a chama de filha,... Veja que incrível! Uma palavra de intimidade, acolhimento, proteção e restauração. Podemos ver Jesus curando a alma da mulher excluída da religião, sentindo-se sozinha, desamparada; Ele restaura a paternidade.

Mulher, Deus se importa com a sua alma, com a solidão, com a rejeição, com o abandono e também te chama de filha! Você tem um Pai fiel, presente, que sempre esteve ao seu lado em *todos* os momentos. Receba o amor desse Pai.

Jesus continua dizendo: "a tua fé te salvou". Sabe o que podemos aprender? Que o movimento daquela mulher para chegar até Ele com fé não foi em vão; o seu trabalho não é vão! (I Co. 15:58) Prossiga no que você foi chamada para fazer.

Jesus finaliza com uma preciosa verdade espiritual, dando-lhe salvação. O encontro com Jesus traz cura e marca uma caminhada pessoal com Ele na Terra, e continuará por toda a eternidade, no céu.

Prossiga com fé e seja restaurada!

A Alegria Vai chegar

8 de Janeiro
por Denise Mariano

"Porque a sua ira dura só um momento; no seu favor está a vida. O choro pode durar uma noite, mas a alegria vem pela manhã." Salmos 30:5

Adquirimos experiências em lugares, com pessoas e em situações ao longo da vida que nem sempre são tão agradáveis e divertidas. Muitas vezes, sofremos por depositar muita expectativa nas coisas, nas pessoas e acabamos vivendo os frustrantes, traumáticos e desconfortáveis momentos ruins, que podemos chamar de "noite de choro", como diz Davi, no Salmo 30:5.

Passei por muitas coisas que me fizeram experimentar o choro sobre o qual o salmista fala Quando estamos passando pela noite, a sensação é que ela nunca vai terminar. Estamos sufocados e sem visão de melhora, e isso pode trazer esquecimento de quem somos em Cristo Jesus.

Eu não sei quais os motivos, o quê ou quem proporcionou para você essa tão longa, triste ou desesperadora noite de choro. Mas eu sei sobre mim. Essa noite me trouxe a sensação de que eu nunca mais me lembraria da menina alegre e agradável da minha infância. Porém, simplesmente porque existe a certeza da manhã, eu experimentei a alegria do Senhor me tomando de volta, animando-me, fortalecendo, curando, justificando e devolvendo o que a noite quis me roubar, dando-me o vigor necessário para estar aqui hoje, expressando em palavras, ainda que não na profundidade dos detalhes, mas já na certeza de que tudo passou e a alegria tomou de volta seu lugar de origem.

Não se torne as dificuldades da vida; enfrente-as na essência que Deus te criou e saiba que nada dura para sempre; assim como a noite chega todos os dias, a manhã seguinte também tem seu espaço. Portanto, creia; a alegria vai chegar.

Segunda Chance

"Se confessarmos os nossos pecados, ele é fiel e justo para nos perdoar os pecados, e nos purificar de toda a injustiça." 1 João 1:9

Na maioria das vezes, é difícil compreender o comportamento inadequado do outro. O fracasso alheio, para muitos, é visto como fraqueza, displicência e até mesmo covardia. Para alguns, aqueles que fracassam não merecem a segunda chance. Até parece que a vida é uma corrida de conquistas e vitórias permanente. Triste engano. A trajetória humana é marcada por golpes, vergonha e às vezes até mesmo desencanto. Nem todos que fracassam são fracos, irresponsáveis e covardes. Não mesmo. Às vezes, a pessoa fracassa simplesmente por não possuir repertório interno para lidar com as frustrações, solavancos e perdas da vida. Não estou defendendo nem suavizando o fracasso humano. Jamais! Ao olhar para o fracasso de alguém, precisamos considerar que "quem está perto compreende, mas quem está longe julga". Dura realidade posta diante do sujeito fracassado. Quem nesta vida não desistiu, fracassou, se acovardou diante de uma situação que o faz sentir-se ineficaz?

Precisamos compreender que muitos carecem da segunda chance. Na verdade, só sabe o valor da segunda chance quem um dia necessitou dela. Os que já viveram os momentos de dor, de ver tudo desabando, a esperança ruindo e as possibilidades "indo embora"... esses, sim, sabem exatamente a importância da segunda chance. A oportunidade de recomeçar, de refazer, de restaurar é simplesmente inexplicável. A alegria de começar de novo, outra vez, é revigorante e desafiadora. Ter a chance de confessar os erros e escrever uma nova história, por mais simples que ela seja, é um presente concedido pelo Eterno.

Se você já fracassou, a segunda chance é para você. Sim, diante Daquele que pode todas as coisas, você é a pessoa certa para receber Dele a oportunidade de recomeçar.

Não desista. O nosso Deus pode fazer novas todas as coisas. Agarre-se Nele e aproveite a segunda chance! Agora é sua vez de recomeçar.

Ajustando as velas

"E o barco estava já no meio do mar, açoitado pelas ondas; porque o vento era contrário. Na quarta vigília da noite, foi Jesus ter com eles, andando sobre o mar." Mateus 14:24,25

A Bíblia nos conta a história dos discípulos que foram compelidos por Jesus a embarcar e passar para o outro lado, enquanto Ele despedia a multidão. Na quarta vigília da noite (algumas referências indicam ser entre três e seis horas da manhã), a Bíblia nos diz que "foi Jesus ter com eles, andando sobre o mar". Os discípulos, ao ver essa cena, se amedrontaram, acreditando ser um fantasma.

Creio que você já escutou muitas vezes essa história e já até conhece o final, quando Pedro pede a Jesus para andar com Ele sobre o mar. Essa história, assim como toda a Bíblia, serve de grande inspiração para nós.

Em nosso dia a dia, vivenciamos muitos desafios e batalhas, e mesmo sendo obedientes a Jesus, seguindo Suas orientações e o nosso chamado, o vento contrário tenta nos paralisar, nos fazer desistir dos nossos propósitos.

Deixe-me compartilhar um dado técnico sobre navegação em alto mar. Como um barco à vela consegue navegar contra o vento? Estrategicamente, ir totalmente contra o vento tornaria a navegação impossível e as velas poderiam quebrar. Mas existe uma técnica chamada *navegação à bolina*, que é feita mantendo a embarcação sempre cerca de 45 graus em relação ao vento contrário. O segredo está em como se posiciona a vela e o principal: não perder o foco do destino final.

Esse tipo de técnica de navegação dá mais trabalho que o normal. Pode demorar cerca de quatro vezes mais para percorrer um trecho do que quando se está a favor do vento! No mar da vida, em meio aos ventos contrários, não desista por qualquer situação adversa; analise e, se necessário, mude a estratégia, mas não se esqueça do destino final, dos propósitos e do seu chamado. E o principal: confie em Jesus; Ele está no mar com você.

Arrependei-vos

"Dêem fruto que mostre o arrependimento! O machado já está posto à raiz das árvores, e toda árvore que não der bom fruto será cortada e lançada ao fogo." Mateus 3:8,10

João Batista pregou a mensagem do arrependimento. O machado simboliza a aliança que Deus fez conosco através de Jesus: o ferro somos nós, e a madeira representa Cristo. O ferro só consegue flutuar se tiver pregado na madeira, nós só conseguimos viver o Evangelho se estivermos crucificados com Cristo (Gálatas. 2:20). Jesus disse que toda árvore que não produz bom fruto é cortada e lançada no fogo (Mateus. 7:19). Árvores simbolizam o homem.

O verdadeiro Evangelho sempre traz a mensagem do arrependimento, da renovação da mente, de uma nova vida através da Palavra de Deus. Nada é mais libertador que o arrependimento. A renúncia é a parte visível do arrependimento, é negarmos a nós mesmos para seguir a Jesus. Se temos a mente de Cristo, podemos falar, agir e pensar como Cristo.

Só a Graça de Deus, mediante nosso arrependimento, confissão, quebrantamento e perdão oferecido aos outros pode nos restaurar. Deus não rejeita um coração quebrantado e contrito. A cura da alma nasce no solo do arrependimento. É a bondade de Deus que nos leva ao arrependimento (Romanos. 2:4).

A libertação e a cura acontecem quando trazemos a responsabilidade das nossas escolhas para nós mesmos através da humildade, do nosso arrependimento e quebrantamento, libertando-nos da falsa religiosidade e espiritualidade.

"Em nosso mundo onde tudo é sobre autopromoção, o arrependimento parece brutal. Mas o arrependimento é o único caminho para ser curado" (Timothy Keller).

Eu amo o fato de que, para cada manhã, há um milagre de Deus disponível para mim. A começar pelo ar que respiro, a seguir por cada oportunidade que se apresenta, a possibilidade e liberdade para escolher... São infinitos os milagres. Assim como o Sol brilha por cima das nuvens, está o Senhor a cuidar de nós. Não importa quão densas sejam as nuvens, quão tempestuosa a chuva ou quão forte os ventos soprem... Amanheceu? Há divina esperança para nós! Um milagre sem impedimentos, desembaraçado! Sim, porque milagrosamente há perdão diário para nós! Não há condenação para quem está em Jesus Cristo! A misericórdia do Senhor é renovável, inesgotável!

"Graças ao grande amor do Senhor é que não somos consumidos, pois as suas misericórdias são inesgotáveis. Renovam-se cada manhã; grande é a sua fidelidade! Digo a mim mesmo: A minha porção é o Senhor; portanto, nele porei a minha esperança." (Lamentações. 3:22-24).

Sua oração lhe permite acesso. Seu clamor aos pés do Senhor, Ele se inclina para ouvir e atende. Como disse o salmista: *"Pois a sua ira só dura um instante, mas o seu favor dura a vida toda; o choro pode persistir uma noite, mas de manhã irrompe a alegria." (Sl. 30:5).*

Desejo que suas manhãs sejam de consagração e suas noites de gratidão. Pois absolutamente tudo o que você precisa, a porção que lhe pertence, Deus lhe dá hoje e continuamente. Graças sejam dadas ao nosso Amado.

Ele está com você

13 de Janeiro

por Priscila Camargo

"Não temas, porque eu sou contigo; não te assombres, porque eu sou teu Deus; eu te fortaleço, e te ajudo, e te sustento com a destra da minha justiça." Isaías 41:10

Como é fácil temer aquilo que não vemos. "O que será do amanhã?", "E se não acontecer como eu espero?", "E se faltar?" E, mesmo declarando a Palavra de Deus, continuamos desconfiados... Será que realmente acreditamos que Ele está conosco, que cuida de nós, que nada nos deixará faltar?

Uma vez li que, na verdade, nós sabemos que temos a Presença do Senhor por perto, mas que precisamos que Ele nos conscientize de Sua Presença o tempo todo, porque facilmente nos esquecemos que Ele está ao nosso lado.

Que hoje, onde quer que você esteja lendo este devocional, o Espírito Santo te traga essa plena e sublime consciência. Ele é invisível, mas é real; não se esqueça disso. Fique em silêncio e ouça a voz Dele... Pare tudo, descanse e sinta o toque que te conforta. Sinta a Presença poderosa do seu Senhor. Ele está com você!

17

Trocando o controle pela paz

"Não andem ansiosos por coisa alguma, mas em tudo, pela oração e súplicas, e com ação de graças, apresentem seus pedidos a Deus."
Filipenses 4:6

Tenho uma horta na minha casa e Deus ministra muito ao meu coração através dela. Lembro-me que um dia, ao visitar meus pés de couve, os encontrei com algumas lagartas. Logo pensei: "vou pegar essas lagartas e trazer para dentro de casa, assim como já fiz várias vezes, até que se tornem borboletas". Antes que eu pegasse, ouvi uma voz me dizer: "Filha, deixe a natureza seguir o seu percurso; não queira tudo sob o seu controle".

Como mulheres, infelizmente gostamos de ter todas as situações sob nosso controle. Muitas vezes, não conseguimos cuidar de nós mesmas, por querer cuidar de tudo e todos.

Naquela circunstância, Deus me ensinou muito, pois se eu tivesse trazido para dentro de casa, poucas lagartas teriam se tornado borboletas. Mas, como as deixei no pé de couve, elas se multiplicaram e deram centenas de borboletas.

Precisamos aprender a não nos preocupar todo o tempo com tudo e todos, ao contrário, devemos entregar ao Senhor o controle das situações.

Ira

"Quando vocês ficarem irados, não pequem. Apaziguem a sua ira antes que o sol se ponha." Efésios 4:26

É possível que em determinadas situações fiquemos irados; isso é normal para nós, seres humanos. Alguém rouba uma vaga no estacionamento, o chefe nos responde com grosserias, uma pessoa grita e diz: *"Anda, sua tartaruga! Para quê mulher no trânsito?"*. Quando se chega em casa, para completar, vamos ainda para a cozinha, arrumar o que comer e perguntar aos filhos como foi o seu dia, descascar alguns pepinos da família e por aí vai. É normal o estresse diário, mas parece que alguns dias os problemas veem de encomenda, então chegamos ao ponto de nos irarmos.

A Bíblia condena o pecado, mas nunca o pecador, por isso, ela vem nos auxiliar, nos direcionar para que quando esse dia chegar, saibamos o que fazer. Aprendemos que até podemos ficar irados, mas que a ira não pode se tornar desculpa para pecarmos. Como assim?

Geralmente, quando uma pessoa está com muita raiva ou ira, ela fala o que não deveria. Fala com rispidez, muitas vezes desprezando quem está por perto, e isso, para Deus não é bom. Você pode estar com raiva de alguém, mas não odeie, não ataque a pessoa.

Por inúmeras vezes precisaremos fazer o exercício do perdão em nossas vidas, para vivermos bem e de acordo com a vontade do nosso Papai. Ninguém é perfeito, então, quando menos esperarmos, seremos afrontados e precisamos aprender a respirar fundo, a contar até mil se necessário, mas não falar palavras que possam entristecer o Espírito de Deus. A vida, por si só, já é difícil; então, pratique a benevolência.

Antes do pôr do sol, fique de bem com Deus e com o próximo!

O que tem governado seus pensamentos?

"Tu guardarás em perfeita paz aquele cuja mente está em ti, pois confia em ti." Isaías 26:3

N *ão posso impedir que os pássaros sobrevoem minha cabeça, mas posso impedi-los de fazer em mim seus ninhos" (autor desconhecido).*
Os pensamentos surgem de forma inevitável e cabe a nós os acolher, deixar passar, ou intencionalmente os despedirmos de propósito. Somos os guardiões de nossa mente e precisamos estar atentos aos inúmeros estímulos aos quais somos constantemente submetidos e, de forma disciplinada, cuidar da nossa mente como quem cuida de um jardim: retirar as ervas daninhas que insistem em aparecer, regar com a Palavra de Deus, com afirmações de fé e salmos. Precisamos lembrar quem é o nosso Senhor quando tudo o que vemos é escuridão e solidão. Cabe a nós manter nossa mente em Deus, para que a consequência da promessa de Isaías 26:3 se faça em nós, a perfeita paz.

Não são poucas as vezes que as preocupações e impossibilidades nos assolam; elas concorrem conosco pelo comando de nossa mente, emoções e ações. Cabe a nós permanecer no comando, declarando que o nosso Deus não dorme.

Quando falamos de questões espirituais, não há neutralidade. Precisamos estabelecer o senhorio ao qual nos submetemos, e isto não se dá somente quando aceitamos a Jesus como nosso Senhor; essa escolha é diária e momentânea.

Se não estivermos atentas, nosso território é invadido e dominado pelo mal, mesmo sendo de Deus, e isso nos impedirá de vivermos uma vida abundante, *"levando cativo todo pensamento à obediência de Cristo." (II Coríntios 10:5).*

Um encontro Especial

"Da mesma forma, o Espírito nos ajuda em nossas fraquezas, pois não sabemos como orar, mas o próprio Espírito intercede por nós com gemidos inexprimíveis." Romanos 8:26

Q uem nunca se sentiu desamparado? Confuso? Esquecido? Angustiado com sentimentos sem nome? Tão mergulhado na própria dor, que lhe faltaram até mesmo palavras para orar?

Já me senti assim algumas vezes... Vagueando no limbo, com um agudo sentimento de solidão. No entanto, ainda que eu não sentisse nada, persistia no clamor, movida pela convicção de que Deus se importava comigo.

É comum sussurrarmos os gemidos da alma em desespero, apenas pedindo: "Senhor, tem misericórdia de mim!". E vamos repetindo a prece dia após dia... até que, em uma manhã qualquer, acordamos... e simplesmente O encontramos lá. Na verdade, Ele sempre esteve! Mas algo sobrenatural acontece e sua alma desperta... seus olhos espirituais são abertos... e, inesperadamente, consegue sentir Sua companhia e o perfume de Sua presença. Percebe que a brisa em seus cabelos é o sopro consolador curando as feridas. Ele está ali... o amigo Espírito Santo...e quando você finalmente O contempla, recebe a serenidade e a paz necessárias para enfrentar o dia mau.

Você nunca esteve só. E ainda que se sinta assim... o Espírito está intercedendo e pedindo ao Pai exatamente o que você precisa. Converse com Ele, ainda que de imediato não tenha respostas. O Espírito Santo não é uma força etérea. Ele é uma Pessoa. Fale tudo o que carrega dentro de si... despeje a angústia de sua alma... e espere. Você não ficará sem retorno. E em um dia qualquer, você simplesmente despertará em paz!

Conhecendo a Deus

"Eu te conhecia só de ouvir, mas agora os meus olhos te veem."
Jó 42:5

Quando lemos a Palavra, vemos que o próprio Deus disse que Jó era um homem íntegro, que pagava preço de oração e tinha o coração temente ao Senhor. No entanto, mesmo sendo esse exemplo de cristão, ele foi testado e, pasme, foi com a permissão de Deus. Sua história nos ilumina o caminho e nos faz refletir. Mas pensemos aqui na humildade do servo Jó em reconhecer que após tantos anos sendo filho de Deus, ele ainda precisava conhecer seu Pai melhor.

Não conhecer a Deus em Sua totalidade nos acompanha até os dias atuais. Os motivos para isso são inúmeros, mas as adversidades e dificuldades da vida nos dão a chance para mudar esse cenário. Isso pode acontecer através de um problema de saúde, profissional, relacional, etc; o que vai fazer a diferença e nos auxiliar a conhecê-lO verdadeiramente será nos entregarmos a Ele de todo coração,depositando nossas esperanças no Único que pode mudar nossa história.

Não há relatos de alguém que tenha conhecido melhor ao Senhor e tenha se arrependido. Invista seu tempo nesse propósito e não veja as adversidades da vida como eternos problemas, mas sim como o caminho que o levará para mais perto Dele. Lembre-se que no final de todo sofrimento, Deus recompensou Jó em tudo e toda sua família foi abençoada através de sua obediência.

"Não fui eu que ordenei a você? Seja forte e corajoso! Não se apavore nem desanime, pois o Senhor, o seu Deus, estará com você por onde você andar." Josué 1:9

Talvez neste momento, pareça difícil para você chegar onde planejou. Os problemas parecem não ter fim. Calma! Não deixe que os desafios te paralisem. Prossiga!

Esses desafios podem ter gerado medo, desânimo... Mas Aquele que começou a boa obra em sua vida, que te resgatou do mais profundo abismo, que pagou um alto preço por sua vida, te diz para ter bom ânimo, porque Ele venceu a morte. Desafio maior que o Dele jamais teremos.

Situações turbulentas sempre existirão. As demandas do cotidiano, pequenos e grandes desafios, é fato que todos enfrentaremos. A diferença entre nós e quem está no mundo é que temos o Espírito Santo para nos dar forças. É Ele quem nos levanta todos os dias e derrama sobre nós a paz que só Deus pode oferecer.

O caminho pode parecer difícil, com alguns obstáculos que, aos nossos olhos, serão impossíveis de atravessar. Mas, podemos ter a certeza que onde pisarmos a planta dos nossos pés, Ele estará conosco para nos conduzir ao melhor.

Seja firme e tenha coragem! O Senhor que começou a boa obra em sua vida é fiel para te fazer romper limites.

Graça, Divina Graça

"Pois vocês são salvos pela graça, por meio da fé, e isto não vem de vocês, é dom de Deus; não por obras, para que ninguém se glorie." Efésios 2:8-9.

A salvação é a grande prova da graça de Deus para conosco. Através de Sua graça, Deus nos mostra outra forma de viver. Em vez de nos abandonar no pecado e suas consequências, Ele nos ensina a renunciar a impiedade e as paixões mundanas e a viver de maneira sensata, justa e piedosa, enquanto aguardamos a Sua bendita volta!

A graça de Deus tem nos sustentado quando nos sentimos sem capacidade para superar os problemas; quando nos sentimos fracos, Ele nos dá a força que precisamos. Oh, que privilégio nós temos! Deus nos amou a despeito do nosso estado; éramos pecadores, fracos, ímpios e inimigos. Ele não nos amou, escolheu, chamou e justificou por causa dos nossos méritos, mas *apesar* dos nossos deméritos.

É pela obra redentora de Cristo na cruz que fomos salvos, não pela obra que realizamos para Ele. Somos salvos pela graça, mediante a fé, para termos condições de realizar as boas obras. Somos salvos pela graça, vivemos pela graça, somos fortalecidos pela graça e por causa da graça Deus tem nos dado o que não merecemos!

"Por isso, por amor de Cristo, regozijo-me nas fraquezas, nos insultos, nas necessidades, nas perseguições, nas angústias. Pois, quando sou fraco é que sou forte." (II Co.12:10). Esse texto nos mostra que a graça de Deus nos capacita a lidar com o sofrimento sem perdermos a alegria e a doçura. Jesus morreu a nossa morte, quitou a nossa dívida e nos deu a vida eterna!

Influenciadoras

"Uma vez que vivemos pelo Espírito, sigamos a direção do Espírito em todas as áreas de nossa vida." Gálatas 5:25

Há algum tempo, nossa influência era por sermos conhecidas como a "popularzinha" da escola, a cantora, a atriz da novela ou do comercial de televisão. Hoje, na era dos "influencers" e com a expansão da mídia, a exposição de influenciadoras cresceu absurdamente e nos vemos em meio a muitas informações. Influências estão vindo de tudo quanto é lado, o que exige ainda mais cuidado e algumas perguntas devem ser feitas: Isso fará bem para mim? Fará bem para minha família? Não vai contra meus princípios ou contra a Palavra de Deus?

Na verdade, somos as duas coisas: influenciadas e influenciadoras. Como mulheres cristãs devemos ser influenciadas por atitudes que nos fazem crescer, que ampliem nosso conhecimento, que nos deixem mais felizes e que beneficiem outras pessoas também. Há muita informação ruim entrando em nossos lares porque nos deixamos ser influenciadas por elas, sem fazermos a devida análise do que nos está sendo apresentado.

Lembremos que nossos filhos são os nossos maiores expectadores, vemos muito de nossas atitudes refletidas neles. Nossos exemplos sempre falarão mais alto que nossas palavras.

O norteador da nossa vida deve ser sempre a Palavra de Deus. Está tudo ali: como devo andar, falar, agir; como me vestir e como pensar. Tudo que conflita com a Palavra de Deus não serve pra mim nem para os meus. Quando fizermos da Palavra de Deus nosso modo de viver e andar, então seremos boa influência e inspiração para outras pessoas. Seremos o sal da Terra e a luz do mundo.

Oração

"Cheguemos, pois, com confiança ao trono da graça, para que possamos alcançar misericórdia e achar graça, a fim de sermos ajudados em tempo oportuno." Hebreus 4:16

Oração é uma súplica, um pedido dirigido a Deus, uma prece, um clamor. Orar é um tempo precioso que separamos para estar a sós com Deus. Passamos por muitas tribulações na vida e existem momentos que tudo o que nos resta orar (Sl. 107:19). É um momento para exercermos fé, buscarmos ao Senhor e abrirmos nosso coração para o nosso Deus Pai (Jr. 29:13). Existem alguns passos para que esse momento se torne de prazer e intimidade com Deus. Eles são:

1. LOCAL (Mateus. 6:6) - Um local tranquilo, sem interrupções. Desligue-se de tudo, inclusive do celular.

2. REVERÊNCIA (Provérbios. 1:7) - Temor é ter reverência pela presença, pela grandeza e pela santidade de Deus. Não podemos entrar no templo de qualquer maneira. Demonstre respeito e humildade. Se puder, ajoelhe-se (Efésios. 3:14).

3. HUMILHAÇÃO (II Cr. 7:14) - Inicie falando de suas culpas e seus pecados; peça perdão. Peça para que Deus limpe o seu coração. Humilhe-se na presença de Deus.

4. ADORAÇÃO (Sl. 29:2) - Adore o Senhor com uma música de louvor e adoração.

5. LEIA A BÍBLIA (Romanos. 10:17) - Peça a Deus que envie uma Palavra ao seu coração. Ouça a voz Dele. Nesse momento, não fale; só escute a doce voz do Espírito Santo.

6. INTERCESSÃO (I Timóteo. 2:1-4) - Interceder por nossa família, nossos amigos, pela Igreja, por nosso país e pelas nações.

7. AGRADECIMENTO (Efésios. 5:20) - Seja grato a Deus, alegre o coração dEle com palavras de gratidão.

lágrimas

As pessoas choram por vários motivos. As lágrimas sempre fizeram parte do nosso cotidiano, e podem expressar tristeza e alegria. Eu mesma me considero uma mulher chorona, mesmo que para muitos, não pareça. Muitas vezes me faltam palavras e as lágrimas falam por mim. A lágrima, para Deus, é uma frase e somente Ele tem o poder de decifrar. Em várias situações de minha vida, minhas lágrimas foram minhas orações.

Na Bíblia não é difícil encontrar exemplos de pessoas que se expressavam através das lágrimas. Ester: sua alma se perturbou e chorou ao ver a situação do seu povo (Ester. 8:3); e o que dizer de Ana, de um coração entristecido e a alma amargurada (I Samuel. 1:8-10)? E Marta e Maria, que choraram pela perda de seu irmão, Lázaro (João. 11:31). São muitos os exemplos que posso compartilhar.

Todos nós com certeza passaremos por experiências em algum momento da vida que nos levarão a chorar. Nesses momentos, devemos nos apegar firmemente à promessa de que está chegando o dia em que Deus limpará dos nossos olhos toda a lágrima e não existirá mais pranto (Apocalipse. 21:4).

Mas, enquanto esse dia não chega, vamos ansiar por lágrimas de arrependimento, alegria , adoração e gratidão ao nosso Deus. Que Ele nos abençoe e nos guarde, e que nossas lágrimas sejam mais que palavras não ditas, sejam o clamor do nosso coração.

Amizade Verdadeira

Uma amizade verdadeira é construída com o tempo. A passagem de João 11 relata a morte de Lázaro, irmão de Marta e Maria. Elas e seu irmão, Lázaro, eram amigos de Jesus; certamente a família deles era muito privilegiada.

A Bíblia conta que Marta e Maria se desesperaram quando seu irmão morreu e mesmo Jesus vindo ao encontro delas, questionaram, dizendo que Ele não estava presente no pior momento da vida delas, como se Jesus não tivesse valorizado seu amigo. Todavia, Jesus chorou, provando o oposto; Ele amava a Lázaro como um amigo e se entristeceu pela sua morte.

Na maioria das situações das nossas vidas, queremos nos desesperar, murmurar, questionar a Deus, especialmente quando perdemos alguém tão amado. Todavia, essa passagem nos faz pensar no quanto Deus nos ama.

Amizades veem e vão, mas algumas, em momentos difíceis, nos mostram quem realmente é nosso amigo. Disso isso, pois aquelas irmãs, no momento de tensão, se esqueceram que Jesus era o mesmo que tinha visitado a casa delas, onde as ensinou a não se apavorarem ou se afadigarem, mas que escolhessem a boa parte. Maria precisou se lembrar que ela, outrora, teve o privilégio de lavar os pés de Jesus. Por que Jesus não iria ao encontro delas na morte de seu irmão? Certamente Jesus não abandona seus amigos!

O milagre da ressurreição de Lázaro nos encoraja a não nos esquecermos de tudo o que Jesus já fez por nós. As irmãs trouxeram às suas memórias o que já havia acontecido com elas através do ministério de Jesus. Nós também precisamos trazer à memória os milagres que Jesus já fez por nós.

Precisamos reconhecer a nossa necessidade, lembrar das experiências anteriores, buscar a Deus em oração com fé e paciência.

O mesmo Jesus que ressuscitou Lázaro depois de quatro dias, pode ressuscitar o que está morto em sua vida; quer seja há dias, meses ou talvez anos. Deixe Jesus remover a pedra e tudo terá vida novamente.

Generosidade

"Pois o amor ao dinheiro é raiz de todos os males."
1 Timóteo 6:10

Após o culto de domingo, passamos em uma pizzaria. Como moramos um pouco longe, até chegarmos em casa a pizza estaria fria; então, resolvemos comer ali mesmo. De repente, chegou uma adolescente que nos pediu um pedaço. Com alegria compartilhamos. Logo, meu esposo viu que ela tinha ido até sua mãe, que estava com uma criança no ponto de ônibus, e quis lhe dar um valor em dinheiro. Confesso que meu coração se fechou, pois não gosto muito de dar dinheiro para pessoas assim. Logo passa pela minha mente que estão usando as crianças para pedir e depois comprarem drogas...

Tínhamos acabado de ouvir uma ministração sobre sonhos para 2021 e um dos sonhos que coloquei diante de Deus foi de prosperidade financeira, para podermos abençoar os menos favorecidos. Fomos embora e quando chegamos na rua de trás, o Espírito Santo me fez lembrar e eu disse ao meu esposo: "Amor, vamos voltar e abençoar aquela mulher". Que alegria pude ver em seus olhos quando entregamos aquela quantia para ela!

A Palavra diz: *"Há maior felicidade em dar do que em receber."* (Atos. 20:35). Paulo exorta, em I Timóteo 6:18-19, a praticarmos o bem, a sermos ricos em boas obras, generosos, prontos a repartir...

Confesso que fiquei envergonhada por discriminar, julgar e ser tão insensível naquele primeiro momento, mas, agradecida pela oportunidade que Deus me deu de poder fazer diferente. Queridas, que possamos ser mais generosas em tudo: no perdão, no amor, no compartilhar Jesus, nas boas obras, etc. Com o Espírito Santo em nós, conseguiremos, no nome de Jesus!

Preocupação

"Portanto, ponham em primeiro lugar na sua vida o Reino de Deus e aquilo que Deus quer, e Ele lhes dará todas essas coisas. Por isso, não fiquem preocupados com o dia de amanhã, pois o dia de amanhã trará suas próprias preocupações." Mateus 6:33-34

Viver na contemporaneidade está diretamente ligado ao ato de se preocupar. Quem de nós nunca se preocupou com alguém ou alguma situação, seja no campo familiar, trabalho, estudos ou financeiro?

Originada do latim, a palavra preocupação significa perda de sossego, apreensão, inquietação, sensação de medo. Ideia fixa que fica perturbando o pensamento, obsessão por algo do futuro. Preocupação é ausência de silêncio, onde algo fica martelando nossa mente, levando à agitação e nervosismo. Quando preocupados, ficamos fixados no problema e não conseguimos relaxar e ter paz interior.

De modo saudável, ela ajuda no planejamento de nossas vidas, na autopreservação e bom desempenho das atividades. Porém, excessivamente nos torna controladoras com tudo o que está à nossa volta, tudo se torna emergente, não aceitando erros e perdas. Torna-se uma angústia sufocante, trazendo problemas físicos e psicológicos, como o transtorno de ansiedade generalizada (TAG) e depressão; problemas gastrointestinais, cardiovasculares, insônia e transtornos alimentares, como anorexia e compulsão alimentar.

A pessoa preocupada está sempre alerta, sente-se em perigo e espera sempre o pior, nada é positivo. No entanto, Deus nos convida a viver um dia de cada vez, pois cada dia tem suas próprias preocupações e em nada adiantará ficar pensando nas de amanhã. Ele jamais te desampara, conhece todos os seus anseios e preocupações. Aquiete sua mente focando no Reino dos Céus!

Restaurada
ao cheiro das águas

*"Porque há esperança para a árvore, que, se for cortada, ainda se reno-
vará, e não cessarão os seus renovos. Se envelhecer na terra a sua raiz, e
morrer o seu tronco no pó, ao cheiro das águas, brotará
e dará ramos como a planta." Jó 14.7-9*

Certo dia, meditando em meu automóvel, em meio ao trânsito,
pensando em minhas ovelhinhas de ministério espalhadas
pela face da Terra, na igreja local, em cidades, estados e países,
encontrei-me em especial orando por algumas queridas que
estavam passando por períodos de perdas de seus sonhos, nas
mais variadas situações. Não resisti e chorei na presença de Deus;
fui reportada a lembrar-me do período em que passei por fases
muito semelhantes. Pude, naquele momento, sentir a dor delas,
tal como a sensação que tive outrora, de ter sido árvore cortada
ou arrancada de sonhos tão brusca e repentinamente surpreendi-
da. Isso já aconteceu com você?

Todavia, imediatamente a maravilhosa presença do Espírito
Santo permitiu que eu me lembrasse do "cheiro das águas", do
qual eu me aproximei como corça sedenta em busca dessas águas
em meio a rochedos, encontrando-as em Jesus Cristo, a minha
única esperança. Na sequência, como um "filme rápido", pude ver
o renovo de cada galho repleto de ramos que Deus, com o cheiro
das águas, renovou e fez brotar frutos em minha vida.

Minha querida leitora, "árvore cortada" que hoje lê este texto,
creia que como aconteceu com Jó e comigo, Deus continua sendo
Deus, pronto para renovar ao "cheiro das águas" todo aquele que
busca saciar a sua sede em Cristo Jesus.

Guarde seu coração

"Portanto, ponham em primeiro lugar na sua vida o Reino de Deus e aquilo que Deus quer, e Ele lhes dará todas essas coisas. Por isso, não fiquem preocupados com o dia de amanhã, pois o dia de amanhã trará suas próprias preocupações." Mateus 6:33-34

Ah! Nós, mulheres, muitas vezes ao enfrentarmos problemas, temos a tendência de pensar que nossas dificuldades são nossos filhos, nossos maridos e pais, quando na verdade, o problema das mulheres está dentro delas: é o coração; o problema não está fora, está dentro. Guardamos mágoas, trazendo o passado todos os dias para o presente. As lembranças tem cheiro, cor, e som nos momentos mais inesperados.

Precisamos guardar o nosso coração. Ao deixarmos nosso coração desprotegido, ele fica vulnerável a qualquer pessoa, a qualquer palavra.

Deus nos diz em Provérbios 4:23: *"Sobre todas as coisas guarde o seu coração, porque dele provém vida"*. Guardar o coração significa entrar em contato com suas emoções e sentimentos. Com a vida corrida que levamos, não prestamos atenção no que estamos sentindo, perdemos o contato com nosso interior e mal temos tempo para nos perguntar: "Porque estou sentindo isso?", "Porque estou triste, abatida...?" ou "Porque reagi dessa maneira diante de uma palavra ou atitude?"

Guardar o coração é tomar banho todos os dias. Você deve ter ficado surpresa... O banho do qual estou falando não é lavar só o corpo, mas lavar a alma. Tomar banho de verdade, avaliar o seu dia; o que foi bom e o que poderá fazer melhor amanhã, o que não foi tão bom e pode ser melhorado. Deixar ir embora junto com a água tudo o que não foi bom: mágoas, dores e decepções e não deixar crescer raiz de amargura.

A Terra está aguardando mulheres que se levantem com um coração forte e curado para manifestar a glória de Deus; e é o teu coração que vai comandar a vida que você vai viver.

Uma linda história de amor

"Os dias da minha vida, todos preparados antes mesmo de eu ter vivido o primeiro deles." Salmos 139:16b

Na infância, aprendemos o conceito de "felizes para sempre"; criamos uma idealização de felicidade, esperando o Príncipe Encantado vir nos buscar em seu alazão. Mas as pessoas são imperfeitas e quando a idealização da felicidade que criamos não é correspondida, levantamos muralhas para blindar nosso coração e sentimentos de pessoas. Passamos a buscar uma felicidade ilusória, pois passamos a acreditar que o "felizes para sempre" é somente para as princesas dos contos; que não existe na realidade.

Quando lemos esse texto, compreendemos que Deus criou uma história perfeita para Sua criação, porém as muralhas que levantamos podem nos impedir de receber o que Ele planejou, a Sua felicidade plena.

Muitas mulheres não compreendem como realmente é essa felicidade, criam uma história independente dos planos do Eterno por não conseguirem se desfazer de suas bagagens emocionais, de cargas que são pesadas, do medo de serem feridas, se impedindo de ter um verdadeiro relacionamento de felicidade com Deus.

Neste dia, quero encorajá-la a pedir ao Espírito Santo que a ajude a renovar sua mente, a se desfazer de conceitos errôneos, desfazer de bagagens pesadas e aceitar a felicidade Dele para sua vida. Compreenda que suas histórias traumáticas não são insignificantes para o Senhor, Ele veio ao seu resgate. O Deus Yahweh, que conhece seus ossos antes deles terem sido formados, preparou uma linda história cheia da Sua felicidade e do Seu amor. Entregue-se de coração hoje e verás que é possível viver feliz com o Eterno para sempre.

Identidade

"Porque como imagina em sua alma assim ele é."
Provérbios 23.7

Você se importa com o que as pessoas falam ou pensam de você? Isso te abate, te paralisa? Provérbios nos fala que, da maneira como nos vemos, é como agimos. Daí a importância de termos conhecimento verdadeiro a nosso respeito.

A construção da nossa identidade começa na nossa família, quando ainda somos um bebê. É com nossos pais que aprendemos conceitos sobre nós. Mas, sendo nossos pais imperfeitos, muitas vezes terão reações pecaminosas e nos dirão coisas que não condizem com a verdade do que somos. Daí prosseguimos na busca por identidade, procurando entre nossos amigos, professores, igreja, enfim, entre aqueles que nos rodeiam, uma palavra que retrate quem somos.

O problema é que, enquanto nossa fonte de busca for externa, nunca alcançaremos o padrão de satisfação que buscamos, porque o mundo pecaminoso não é capaz de nos ver como somos e reconhecer nossos valores. Somente alguém perfeito, como Deus, sabe quem somos verdadeiramente.

Jesus, aqui na Terra, nos deixou um grande exemplo de como lidar com os comentários que as pessoas fazem a nosso respeito sem nos abalarmos. Mateus 11:18,19 fala o que as pessoas diziam sobre Jesus: foi chamado de comilão, beberrão, amigo de publicanos e pecadores; disseram que Ele tinha demônio, e muito mais. Porém, Jesus nunca permitiu que aquilo que falavam sobre Ele interferisse na Sua identidade. Ele sabia quem era e qual o Seu propósito aqui na Terra. Então, amada, não permita que o mundo defina quem você é. Cristo já disse tudo o que você precisa saber sobre sua identidade (Leia Efésios1:3-5).

Vida Passageira

"... não se ponha o sol sobre a vossa ira."
Efésios 4:26

Ela era uma senhora que gostava muito de conversar, mas em seus últimos dias de vida, não conseguia falar, devido a um AVC. Ao receber a notícia de sua morte, fiquei muito triste e pensei: "Era tão bom falar com ela e nos seus últimos dias de vida, ela não pôde se expressar da maneira que desejava!". Isso me fez pensar em como a nossa vida é passageira. Não sabemos quando chegará o nosso momento final e nem como será.

Parafraseando o apóstolo Paulo sobre a ira: "a sua ira deve terminar antes do seu dia". Irar-se é natural, existem muitos motivos que suscitam tal sentimento, mas precisamos tomar cuidado para que isso não vire uma rotina em nossa vida.

Alguém fez algo que me deixou magoado, o que faço com tal sentimento? Guardo-o por dias, semanas, meses ou até anos? Não! Não posso alimentar isso dia após dia, porque vai me destruir aos poucos.

Não devo guardar sentimentos negativos, porque isso machuca mais em mim do que no outro. Não posso permitir que os dias passem e eu continue com sentimentos que só me fazem mal.

Não sei quanto tempo terei de vida, não sei por quanto tempo terei a oportunidade de me expressar, então preciso aproveitar cada momento. Preciso dizer para as pessoas queridas que as amo e também dizer àquelas que me magoaram que as perdoo, mesmo sendo algo muito difícil de fazer. Mas, quem disse que seria fácil?

A experiência de não se dobrar

por Alessandra Porto

"Homens de dura cerviz e incircuncisos de coração e ouvido, vós sempre resistis ao Espírito Santo." Atos 7:51

Sempre me identifiquei com esse texto, visto que sou uma pessoa de personalidade forte e com dificuldade em me dobrar para algumas situações. Sempre orei pedindo ao Senhor para aprender a ser mais branda e me dobrar à vontade do Senhor com mais tranquilidade, mas não imaginava que a dureza em mim era tamanha. Passei por um problema de coluna e vivi na pele a experiência de não poder me dobrar; isso mesmo, não podia me abaixar para pegar algo no chão, nem para calçar os próprios sapatos; enfim, a verdadeira expressão de ter uma dura cerviz.

Eu ainda não havia percebido que ia muito além da minha postura. Passei pela cirurgia da coluna e então a verdade sobre ter uma dificuldade em me dobrar veio à tona e durante os primeiros momentos do pós-operatório já percebi que necessitaria de ajuda para 100% das minhas atividades, como tomar banho, comer, etc.

Então meu orgulho se revelou. Eu pensava várias vezes antes de pedir para me levantar da cama e cheguei a segurar um tempo muito maior para ir ao banheiro só para não pedir ajuda. Na minha inocência eu usava a desculpa de não querer incomodar o outro, quando na verdade, não queria pedir ajuda e me mostrar tão frágil e necessitada.

Me desmascarando em oração pude perceber que amolecer a cerviz nos leva a ser cuidados com muito prazer e dedicação. O Espírito Santo deseja cuidar de nós; portanto, estejamos facilmente prostrados e prontos para receber.

Andando em Liberdade

"Esqueçam o que se foi, não vivam do passado. Vejam eu estou fazendo uma coisa nova! Ela já está surgindo!" Isaías 43:18-19

O profeta Isaías é enviado por Deus para levar uma mensagem de arrependimento e esperança para os reinos de Judá e Israel que enfrentavam momentos de cativeiro. O propósito de Deus era libertar e cuidar daquele povo como um pai; restaurando sua aliança com eles, entregando-lhes futuro e esperança.

Mas, o povo não poderia acessar as promessas vivendo no passado, com uma mente escrava; afinal, saíram do Egito para uma terra que "manava leite e mel". Debruçados nos pensamentos e acontecimentos do passado e se atolando nas mágoas e dores de ontem, não seriam capazes de ver o *novo* de Deus.

Paulo escreve aos Filipenses: *"esquecendo-me das coisas que para trás ficaram, avançando para as que estão adiante. Filipenses 3:13"*. Esta é uma decisão a ser tomada *hoje*, e que nos tornará livres, pois diante dela recebemos o perdão de Deus e fixamos os olhos sobre o poder do Senhor. Nesta nova perspectiva, recebemos de Deus uma nova visão, nova mentalidade e começamos a entender e visualizar o que Deus quer manifestar em nós e através de nós. Um posicionamento pode mudar uma história de derrota em vitória e transformar a maldição em bênção.

A mensagem é um convite para desintoxicar a alma, o corpo e o espírito; desapegar, liberar, perdoar, falar, renunciar, entregar. Permita-se desfrutar de tudo o que Deus tem preparado para você neste tempo. Foi para a liberdade que Ele nos chamou. O vinho novo se põe em odres novos!

A fé que move montanhas está em mim

03 de Fevereiro
por Bruna Pisani

"Pois em verdade vos digo que, se tiverdes fé como um grão de mostarda direis a este monte: Passa daqui para acolá, e ele há de passar; e nada vos será impossível." Mateus 17:20

Um dos temas mais complexos e definitivamente fundamento importantíssimo para o cristianismo é a fé. Mas, afinal, o que é fé?

Em Hebreus 11:1 está escrito: *"Ora, a fé é o firme fundamento das coisas que se esperam e a prova das coisas que se não vêem..."* Quando lemos definições seculares sobre fé temos a seguinte explicação: "Fé é a adesão de forma incondicional à uma hipótese considerada uma verdade". Que verdade é essa? Cristo é a verdade! A Verdade que liberta e que transforma. Nossa vida e relacionamento com Deus devem ser baseados em Sua Palavra, que é a Verdade. A fé vem pelo ouvir, e o ouvir da palavra de Deus; está tudo interligado. Podemos buscar conhecimentos teológicos, históricos, científicos e tantos outros e tudo isso agregará valor no seu conteúdo e caminhada, mas viver uma vida de fé é viver na dependência de um Deus trino e todo-poderoso, que "do nada", criou todas as coisas. Nossa medida de fé aumenta de acordo com o tempo que destinamos a passar com Deus. Intimidade e relacionamento se constroem diariamente. Quer viver uma vida abundante? Busque a Palavra de Deus. Quer desafiar os gigantes que se levantam e tentam tramar contra sua vida? Ore através da Palavra. Quer ver montanhas se movendo e caminhos se abrindo diante de você? Viva pela Palavra! Esse acesso é irrestrito. Leia a Bíblia diariamente.

A oração não respondida

"Se alguém se recusa a ouvir a lei, até suas orações serão detestáveis." Provérbios 28.9

Orações respondidas alimentam a nossa fé; porém, quando não obtemos resposta podemos nos sentir desanimadas. Todavia, Provérbios afirma que as orações se tornam detestáveis quando desobedecemos ao Senhor intencionalmente.

Nossas orações não são ouvidas:

Quando pedimos mal: Tiago 4:3, ou guardamos pecado: Salmos 66:18 e Isaías 59:2; ou duvidamos da Palavra: Tiago. 1:6-7; ou desobedecemos por escolha: Deuteronômio 1:26;45. Deus não ouve quando fico me repetindo: Mateus 6:7; ou estou no meio de discórdias, contendas e injustiças: Isaías 1:15; Mateus. 6:15.

Pedir mal é quando a nossa motivação é esbanjar e a intenção é tão somente o prazer. Iniquidade é aquele pecado desejado, planejado, muito próprio da maldade do coração do homem. Quando o nosso coração está assim, planejando coisas más, o Senhor não vai nos ouvir. Deus se importa com a forma que me relaciono com as pessoas. Por mais incrível que pareça, existem pessoas que oram e têm certeza de que não vão receber. Oram apenas porque se acostumaram a orar. Essa incredulidade é algo terrível porque impede o mover de Deus. As nossas orações não têm se tornado meras repetições? Jargões e palavras de outras pessoas? Jesus afirmou que o simples fato de ficarmos repetindo palavras como papagaio não é garantia de que Deus vai ouvir as orações.

Retire os empecilhos da sua oração para que sejam ouvidas. Neste momento coloque seu coração diante de Deus em oração e arrependa-se de seus pecados. Então, sua oração será ouvida nos céus e sua fé será fortalecida cada dia mais.

Por meio do Espírito

Porque, qual dos homens sabe as coisas do homem, senão o espírito do homem, que nele está? Assim também ninguém sabe as coisas de Deus, senão o Espírito de Deus. 1 Coríntios 2:10,11

O Espírito Santo é o meio através do qual o homem conhece a sabedoria de Deus. Paulo falou sobre isso em 1 Coríntios 2. Muitos querem conhecer a Deus e viver as coisas de Deus de acordo com a própria sabedoria. Só alcançaremos a sabedoria de Deus se valorizarmos em nossas atitudes e em nosso comportamento a cultura do céu; não só nas palavras, mas também nas ações. O autor percebeu que o povo conhecia a sabedoria de Deus, porém estavam agindo pela sabedoria dos homens. A Sabedoria de Deus é um mistério revelado por Cristo e apresentado a nós pelo Espírito Santo e sem essa via, ela continua escondida aos olhos humanos.

Nesse capítulo, Paulo revela que a chave para conhecer a sabedoria de Deus está no Espírito pois ninguém possui em si mesmo a habilidade de conhecer a Deus. Vamos Buscar em tudo viver a cultura do céu pela via correta, se temos acesso a Ele através do Espírito que consola, que inspira, que transforma e que convence o homem de seus pecados, então tomemos posse dessa proeza dada para nós como Igreja poderosa, conforme a Palavra diz que somos. É uma questão de consciência cristã. A vida cristã só é validada se nela existir o fruto desse Espírito em nós. Quando entendemos isso, vivemos o Poder de Deus (sobre o qual Paulo também fala aos Efésios) dizendo que Ele age segundo o Poder que em nós opera. Não sejamos como alguns que se orgulham de seu conhecimento e se consideram amadurecidos espiritualmente. Sejamos todos ao dias cheios do Espírito através dos acessos que temos na Palavra e na oração.

Cuidado com o tentador

"O tentador aproximou-se então dele e disse:
"Se tu és o Filho de Deus..." Mateus 4:3a

O inimigo das nossas almas é oportunista e se aproveita dos "desertos" das nossas vidas — que são momentos de fragilidade e vulnerabilidade — para trazer dúvida acerca de quem somos em Deus.

A tese é a mesma: "Se você é filho de Deus, por que sofre? Por que perde? Por que fica desempregado? Por que não conquista algumas coisas? Por que adoece?", etc.

O objetivo final é roubar o que você tem de mais valioso: sua identidade celestial de filha amada do Pai; independentemente da sua situação ou circunstância, você é.

O diabo não se dá por vencido e sempre fará propostas tentadoras e tentará colocar dúvidas em seu coração com o único intuito de destruí-la e de minar todos os sonhos que o Pai tem para você. Quando temos convicção de quem somos (João 1:12) a nossa fé fica mais sólida, madura e confiamos plenamente no Pai em todo tempo; quer as coisas vão bem ou não.

Isso impacta nosso dia a dia, nossa saúde emocional, nosso equilíbrio, nossa paz, domínio próprio, renovo, e o anseio de se aproximar Dele crendo que grandes coisas estão por vir.

Portanto, é melhor você ser vigilante e rebater as tentações do diabo com a mesma autoridade que Jesus usou: Está escrito!

Seja luz por onde passar e transmita a alegria de filha amada.

Domingo

"Este é o dia que fez o Senhor; regozijemo-nos, e alegremo-nos nele." Salmo 118.24

Eles parecem massinha de modelar nas mãos de crianças. Agraciado dia da gente, da família e do SENHOR.

Dias de criar coisas fora do comum: pratos enfeitados, sobremesa com gosto de saudade, um bom livro folhear e conversas para o café acompanhar. Domingos, quando o relógio é mais camarada, quando as tardes se esticam preguiçosas na poltrona da sala.

Domingo do sorteio para a louça lavar! Domingos de cultos animados e de sermão biblicamente inspirado.

Domingo amado, dia de ver os queridos da congregação; uns bem humorados, outros não. Mas, a verdade é que em todos os domingos nos ajudamos mutuamente na fé e na missão.

Choramos juntos, também cantamos juntos! Domingo é dia de cantoria! A fé vigorosa cantada por todos os lados. Harpa, Hinário, *Worship*, Cantor...

" Régio Dominador! "

Nos domingos tem saudades,...

Nos domingos tem uma roupa bonita, uma caprichada maquiagem e um brilho novo no sapato.

Domingos são de Deus!

Sempre dia "santo"!

Não é dia de reclamar.

O Melhor dia, para o melhor descanso.

Por que do domingo?

É o primeiro dia. É o dia de recomeço. É o dia da ressurreição. É o dia sem o peso da obrigação. É o dia do perdão. É o dia do carinho e do abraço sem pressa. É dia da confissão.

Repare que os Domingos são tão bons de viver!

Então, onde você estiver celebre a vida.

Celebre o primeiro dia!

Escolha as pessoas, escolha as companhias que você deseja para o domingo! Deseje, ame! O pretexto, já existe! É domingo!

Ele não esquece

"Deus não é injusto. Ele não esquece o trabalho que vocês fizeram e o amor que vocês demonstraram ao ajudar os irmãos na fé." Hebreus 6:10

Todos sabemos como é desagradável ser esquecido por alguém. Algumas pessoas carregam feridas causadas pelo abandono, pelo esquecimento vivido em sua trajetória. Tenho me deparado com "adultos" que ainda não conseguiram superar a dor daquele dia em que mais precisava, mas o telefone não tocou, a mensagem não chegou no MSN, no WhatsApp, no Instagram, no Twitter, no telegram, no... Simplesmente não chegou. Cada segundo no relógio parece uma eternidade para alguém que sozinho espera ser lembrado pelo outro. Sim, outro; aquele que outrora era amigo, colega, parente, confidente, mas agora você esta no esquecimento. Então surge a pergunta: o que adiantou tudo o que eu fiz?

Calma! A pessoa mais importante do mundo não esqueceu de você. Isso mesmo. Deus não se esqueceu de você! Ele não esqueceu de você e ainda se lembra do seu trabalho, e o amor que você tem demonstrado aos domésticos da fé. Esse texto sagrado enche meu coração de alegria e me faz pensar na forma carinhosa que o Eterno tem de Se lembrar das ações de Seus filhos.

Logo, não existem motivos para você se sentir esquecido e abandonado. O Autor da vida tem registrado seus feitos e se lembra de cada um deles. Quando o sentimento de abandono tentar ocupar espaço no seu coração, recorra a esta poderosa e terna palavra: "Deus não é injusto, Ele não esquece". Sim, Ele está presente ao seu lado em todos os instantes da sua vida. Não importa se as pessoas esqueceram de você e do seu trabalho. Tenha em mente: "meu Pai não se esquece de mim".

Confiando seus planos a Deus

"O coração do homem pode fazer planos, mas a resposta certa dos lábios vem do Senhor". Provérbios 16:01

O que você planejou para este novo ano? Essa é a época em que muitos fazem planos. Planejamento familiar, financeiro, educacional, profissional, etc. No entanto, por mais que façamos planos sempre nos esbarramos em nossas limitações. E embora seja importante fazer planos, sonhar e projetar, não conseguimos prever o que acontecerá amanhã. Podemos planejar, mas sempre vamos depender Daquele que governa a tudo e a todos: nosso Deus. O sábio Salomão nos lembra que podemos fazer planos, mas a resposta certa vem do Senhor. Confiar em Deus implica também em depender Dele e entregar a Ele todas as nossas áreas: emocional, financeira, familiar, profissional, bem como os planos realizados. Deus tem tanto amor e cuidado conosco, que Se importa com os nossos relacionamentos, sonhos e projetos, pois nossa visão do todo é tão pequena... Que bom que Deus cuida de nós!

Quantas vezes organizei projetos e parcerias que, ao meu ver e analisando números, seriam o sucesso da minha carreira profissional. Mas, pelo cuidado de Deus comigo, obtive livramentos de enrascadas empresariais que me levariam ao fundo do poço.

Será que temos colocado os nossos planos e projetos para serem avaliados pelo Senhor? Será que temos a consciência que dependemos totalmente Dele em nossas vidas? Será que temos nos submetido aos Seus propósitos para a nossa vida? Vale experimentar o melhor de Deus. Então, o primeiro passo é apresentar *tudo* a Ele, buscá-lo em oração e estar atenta à suas orientações.

Uma coisa posso dizer com certeza: Ele ainda fala conosco. Basta parar, tirar as mãos humanas e ouvi-lO.

O poder da Palavra de Deus

"'Não é a minha palavra como o fogo', pergunta o Senhor, 'e como um martelo que despedaça a rocha?'" Jeremias 23:29

A verdade é o que Deus diz, não o que sentimos, o que vemos ou as circunstâncias (2 Coríntios 5:7). Deus fala conosco através da Sua palavra. Deus é um Deus que tem voz. A voz de Deus pode ser calma e suave, como uma brisa, mas também forte e poderosa como o som de muitas águas (Jeremias 51:16; Ezequiel 43:2; Apocalipse 1:15). Temos que permitir que o Espírito Santo opere em nós e nos transforme através da Palavra de Deus. Muitos estão atrás de revelações e profecias, mas estão com suas Bíblias fechadas, ou ficam abertas apenas servindo de decoração ou amuleto místico. Deus concorda com Deus. As profecias precisam estar de acordo com a palavra Dele e com Seus princípios. Outras pessoas tentam adaptar e interpretar a Palavra segundo seus desejos e preferências e ignoraram a soberania de Deus. Nada é mais forte e poderoso do que o que Deus diz. Jesus acreditava no Pai e na Palavra. Devemos chegar ao alinhamento com a mente de Cristo através da palavra de Deus.

Deus é relacional; precisamos buscá-Lo e Ele se revelará a nós; Na medida em que a Palavra de Deus entra em nós, vamos sendo renovados e transformados no entendimento e mudamos nossa maneira de pensar através da Palavra (Romanos 12:2).

"Você pode aplicar a Palavra de Deus a qualquer situação que esteja enfrentando."

Joyce Meyer

Deus sabe

"Ele é antes de todas as coisas, e nele tudo subsiste."
Colossenses 1.17

Hoje é um novo dia para acreditar na onisciência de Deus. Acreditar que Ele sabe de todas as coisas, que Ele vê todas as coisas. Já pensou quantas circunstâncias existem sem que você perceba? Inúmeras situações que acontecem simultaneamente e você desconhece, mas Deus sabe de todas elas?

Lembre-se de que o que experimentamos diariamente é a partícula de uma longa jornada. Deus diz: *"Eu sou o Alfa e o Ômega, o Primeiro e o Último, o Princípio e o Fim"* (Apocalipse 22:13). Ou seja, tudo está Nele; tudo começa e termina no Todo-poderoso.

Se fracionarmos nossa jornada, cada dia é um trecho. Em outras palavras, são pequenos começos e pequenos finais; portanto, encare este dia como um mini ciclo. O fato de Deus já existir antes de tudo e Nele tudo estar conservado em ordem e harmonia, nos permite descansar no que Ele já determinou!

"Para nós, porém, há um único Deus, o Pai, de quem vêm todas as coisas e para quem vivemos; e um só Senhor, Jesus Cristo, por meio de quem vieram todas as coisas e por meio de quem vivemos". *(1 Coríntios 8:6)* Isto é incrível! E sabe por quê? Como disse o Salmista *"os teus olhos viram o meu embrião; todos os dias determinados para mim foram escritos no teu livro antes de qualquer deles existir."* *(Salmos 139:16)*

O Senhor te conhece intimamente e não duvide; o que Ele reservou é glorioso. Além disso, ter o Criador de todas as coisas como aliado nos traz poder para vencer todas as coisas.

Você já se perdoou hoje?

E quando estiveres orando, se tiverem alguma coisa contar alguém, perdoem-nos para que o pai celestial perdoe também seus pecados. Mas, se vocês não perdoarem, também seu pai que está nos céus não perdoará os seus pecados. Marcos 2:25, 26

Muitas vezes ficamos remoendo nossas dores porque não aprendemos a perdoar o outro. O perdão nos liberta e quando liberamos o perdão nossa vida se torna mais leve. Aprenda a lidar com seus erros e a praticar o perdão com você mesma. Não deixe que o sentimento de culpa te impeça de atingir o que tanto espera. Se reconcilie com a vida, tanto nas pequenas quanto nas grandes experiências.

Tire a âncora e desprenda-se de coisas que impedem seu caminhar. Dê uma chance a você; recomece sem medos e culpas. Recupere sua paz, seu bem-estar e comprometa-se com você mesma até que se sinta melhor.

Saiba que o perdão é um processo que leva tempo e vontade para se praticar. Quando aceitamos que devemos nos arrepender, a gente aprende a dizer de coração e aceitar o outro com o coração. Nossa alma descansa e ficamos em paz.

O perdão não é uma troca; o perdão é um sentimento único que tem que vir de nós mesmas e com a gente mesmo. É um momento único! Quando você se lembrar da experiência novamente, será de um jeito transformador porque já não existirá dor. Olhe para dentro de si; você pode acabar com as feridas e com os pensamentos que te machucam. Dê mais cores para o que ainda está escuro. Desprenda-se, viva e simplesmente se perdoe.

O Olhar de Cristo

13 de Fevereiro

por Ivone Santana

"Então o Senhor virou-se e olhou firme para Pedro"
Lucas 22:61

Você deve saber que independentemente de onde estiver, há sempre alguém olhando para você. Se, por acaso, você estiver fazendo algo errado e inesperadamente alguém olha para você, na hora você parece perder seu chão.

Quando Pedro negou a Jesus pela terceira vez — como Jesus já havia dito — a Bíblia relata: *"Então o Senhor virou-se e olhou firme para Pedro" (Lucas 22:61).*

Se você prestar bem atenção, esse olhar firme de Jesus te fará lembrar de quantas vezes você ouviu uma mensagem da parte do Senhor sobre suas atitudes erradas. Quando pecamos, Jesus olha para nós e nos sentimos despidos. Assim como Pedro, podemos ter a mesma reação: saímos para chorar amargamente.

É necessário refletir; sempre que você for tomar uma decisão errada, possivelmente já ouviu antes que aquela não seria a melhor escolha. Pode até parecer a saída mais fácil, mas na verdade não é. Jesus é misericordioso e sabe de todas as coisas. O olhar firme de Cristo não é como o nosso que ao ser dirigido a alguém que fez ou falou algo errado, é cheio de condenação. Quando Jesus olhou firme para Pedro sem dizer uma só palavra, Ele transmite pelo seu olhar a seguinte mensagem: "Filho, eu já sabia".

Nosso Senhor Jesus está sempre nos contemplando e sabe o que está por vir; Ele nos olha como Pai que deseja o melhor para Seu filho. Ele nos olha firmemente e mesmo que tenhamos errado, podemos receber o perdão pois Ele é cheio de misericórdia.

A Palavra Dele para nós permanece a mesma: "Vá e não peques mais".

Auto Cuidado

"Ame o próximo, como a ti mesmo."
Marcos 12.31

Se soubéssemos o poder do autocuidado, jamais nos negligenciaríamos. Quando dizemos que não temos tempo para nos relacionar com Deus, não temos tempo de cuidar das nossas emoções e do nosso corpo, estamos cometendo o pecado de negligência com o bem mais precioso que Deus nos deu: nós mesmas! Somos o templo do Espírito Santo. Paulo nos alerta sobre apresentarmos nossos corpos como sacrifício vivo diante de Deus e isso podemos fazer reconhecendo, com zelo, o presente que temos todos os dias.

Não temos ideia da quantidade de funções que nosso corpo exerce diariamente para que respiremos, caminhemos e raciocinemos; só nos damos conta quando algo não anda bem.

Assim como as instruções que recebemos no avião antes de um voo, devemos permanecer nos salvando, nos cuidando, para que possamos como igreja, cuidar de outros. Todo ser humano carrega em si a necessidade de pertencimento, cuidado e amor, mas, às vezes nos confundimos e achamos que este cuidado deve vir de outras pessoas, e passamos a vida olhando para o quanto entregamos e não temos de volta. Quando nos priorizamos, boa parcela deste sentimento de que o mundo nos deve, desaparece. Por quê? Porque ao priorizarmos nosso relacionamento pessoal com Deus e nos conectarmos conosco, temos boa parte dessa necessidade de amor suprida e podemos chegar em nossas relações mais completas. Quando assumimos o lugar de cuidadoras de nós mesmas, respeitando nossos limites, dizendo não, criando o mundo que ansiamos, tendemos a nos sentir mais completas e assim, mais doadoras. Experimente se cuidar; você vai se surpreender!

O Senhor é a tua justiça

15 de Fevereiro
por Késia Mesquita

"O Senhor é a minha luz e a minha salvação; a quem temerei? O Senhor é a força da minha vida; de quem me recearei? Quando os malvados, meus adversários e inimigos se chegaram contra mim para comerem as minhas carnes, tropeçaram e caíram. Ainda que um exército me cercasse, o meu coração não temeria... Porque no dia da adversidade, me esconderá no seu pavilhão; no oculto do seu tabernáculo me esconderá e me porá sobre uma rocha". Salmos 27. 1-3;5

Você já deve ter ouvido falar que insetos não atacam lâmpadas apagadas e que pedras só são atiradas contra árvores que tem frutos. Mas o *ter frutos*, não elimina o fato de que pedras atiradas doem. Elas machucam, ferem e fazem sangrar. Pedras atiradas podem causar hematomas, derrubar a folhagem e danificar o tronco.

No entanto, pedras lançadas também produzem resistência, força e resiliência.

É preciso confiar a Deus a justiça, a fim de que cada pedra que nos atiram, seja matéria prima para construirmos uma escada. Quem por essa escada sobe... cresce!!! Cresce, enquanto quem atira pedras, se afunda e vai ficando cada vez menor à medida que subimos.

E acima de toda nossa disposição em persistir e não desistir, há um Deus que libera uma benção para cada pedra que nos lançam. Mas claro... que a benção só vem enxertada na pedra lançada, se não a lançarmos de volta. Se com ela construímos um altar e nele depositamos toda nossa aflição e confiança, veremos Sua perfeita justiça agindo por nós. E se Deus é por nós, quem será contra nós?

Ele acalma a tempestade

16 de Fevereiro
por Magda Marins

"E ele disse-lhes: Por que temeis, homens de pouca fé? Então, levantando-se, repreendeu os ventos e o mar, e seguiu-se uma grande bonança". Mateus 8:26

Assim como os discípulos, talvez você esteja enfrentando uma grande tempestade. Situações que aos seus olhos — que são limitados — não tem uma solução. Doença, desemprego, filhos rebeldes, problemas no casamento ou qualquer outra tribulação que tenha tirado tua paz. Você diz: "eu já fiz de tudo, mas não consigo resolver o problema!" Nesse momento é preciso ter fé. Não há absolutamente nada que Deus não possa fazer; tudo Ele pode e o controle de todas as coisas está nas mãos Dele. É preciso aprender a confiar em Jesus, mesmo quando você não esteja vendo algo sendo feito. A primeira coisa que os discípulos fizeram foi chamar Jesus para que os ajudassem diante daquelas grandes ondas que os amedrontavam. Eles sabiam que diante das dificuldades, o único que tinha a solução para os problemas mais difíceis era Jesus. O período que está passando no barco diante de um mar revolto, é apenas um breve momento. Deus te ama incondicionalmente e jamais deixará você sozinho no percurso da vida. Diante das grandes tempestades, Ele está contigo.

O mar pode estar bravio, ondas grandes e fortes atingem seu barco e ele pode estar balançando de um lado a outro. Com o impacto das ondas os objetos saíram do lugar e você pensa que vai naufragar. Não se desespere! Deus se levantará e sobre a tua vida vai declarar que as ondas não vão te submergir; Ele te socorrerá e com suas fortes mãos te livrará. Deus está no teu barco, Ele é a tua proteção. Por isso, não se turbe o vosso coração. Ele tem poder para acalmar o mar e cessar a tempestade.

Dica de Beleza

17 de Fevereiro
por Mônica Assis

"Alegrem-se sempre no Senhor, novamente direi: alegre-se!"
Filipenses 4:4

No livro de provérbios encontramos uma preciosa dica de beleza que muitas vezes nos passa desapercebida.

Salomão, que era um apreciador da beleza feminina, diz que o coração alegre aformoseia o rosto. (Provérbios 15:13). É isto mesmo que você leu: a alegria deixará seu rosto ainda mais formoso. Quem não deseja ficar mais bonita, não é? Investimos em maquiagens, pincéis, cremes, assistimos a tutoriais, aprendemos técnicas, mas, do que adianta gastarmos tanto em produtos de beleza se estivermos uma vida triste? A verdadeira alegria transborda de dentro para fora. Como é gostoso estar na companhia de pessoas formosas; além de ser gostoso, nos faz muito bem! A certeza e a confiança de que Deus está conosco e está cuidando de todas as coisas nos faz fechar os olhos para as circunstâncias ao redor e saber que estamos protegidas por Ele nos faz mulheres mais alegres. Então, preste atenção nas dicas: medite na Palavra de Deus todos os dias e saiba quem você é Nele; você é filha amada e preciosa do Pai.

Quem tem a verdadeira alegria, tem um coração grato e reconhece que tudo vem Dele, quem tem um coração alegre normalmente é apaixonado por Jesus e com Ele bate altos papos e de sua boca saem palavras que edificam. Em Deus, a mulher não precisa de um namorado, um marido, um emprego, um cargo ou uma festa para ser feliz — ela é feliz e pronto! Tudo que chega à sua vida é somado à alegria que ela já tem. Uma mulher assim, não chamará atenção por seus atributos físicos, mas por sua alegria contagiante.

Viva pela fé

"Ora, a fé é o firme fundamento das coisas que se esperam, e a prova das coisas que se não veem." Hebreus 11:1

Certa vez eu e minha família estávamos precisando de uns dias de descanso e resolvemos viajar para o litoral de outro Estado. Arrumamos nossas malas e lá fomos nós, com roupas de banho e protetor solar na bagagem prontos para aproveitar dias ensolarados... Até olharmos a previsão do tempo: choveria todos os dias da nossa estadia na cidade. Como já estávamos no meio do caminho, continuamos. Realmente o tempo estava fechado quando chegamos, arrastamos nossas malas sobre poças d'água e sob nuvens escuras no céu. À noite, minha mãe, uma mulher cheia de fé, disse que não devíamos ficar chateados; só precisávamos pedir ao Senhor para que o sol aparecesse. E assim ela orou e confiamos.

Quando acordamos no dia seguinte, adivinhe? O sol brilhava forte pela janela e não havia nenhuma nuvem no céu! Agradecemos a Deus em grande alegria! E acredite, o céu permaneceu limpo até o dia de voltarmos para casa e aquelas férias foram maravilhosas e inesquecíveis!

Não se vive pela fé apenas quando estamos com problemas gravíssimos ou somente quando não há mais jeito; o Senhor diz para vivermos pela fé o tempo todo, confiando que Ele pode fazer o impossível, seja este qual for, mesmo que não estejamos vendo; mesmo que seja difícil acreditar.

Ele opera milagres, não importa se grandes ou pequenos; Ele faz! Seja por um dia de sol ou pela cura de uma terrível doença, Ele pode! Confie no seu Deus!

Obedecer é melhor do que sacrificar

por Priscila Aguilar Ribeiro

"Não entendo o que faço. Pois não faço o que desejo, mas o que odeio." Romanos 7:15

É incrível como o pecado é prazeroso no momento em que o estamos cometendo, mas depois nos damos conta do alto preço que pagamos. Lembro-me de uma ocasião quando fui babá de uma criança de dois anos nos Estados Unidos. Em uma das manhãs a levei ao parque onde havia algumas poças de água e lama.

Era um lindo parque com um playground maravilhoso, mas ela escolheu pular na lama; eu dizia o tempo todo: "não pule na lama; vá para o balanço", "vá para o escorregador". Mas ela insistia; não só pulou, como também chegou a rolar na lama.

Quando se deu conta do quanto estava suja, molhada e com frio, começou a chorar arrependida do que fizera e a me pedir para que a levasse para casa.

O mesmo acontece conosco quando somos teimosos em pecar, mesmo sabendo que não valerá a pena.

A vida é cheia de escolhas e a melhor será sempre agradar ao nosso Pai; honrá-lo e obedecê-lo. Isso nos trará alegria e nos livrará de muitos sofrimentos!

Vivemos por fé e não por vista

20 de Fevereiro
por Rosimar Calais

"Ora, a fé é a certeza de que haveremos de receber o que esperamos e a prova daquilo que não podemos ver". Hebreus 11.1

Os principais elementos da fé em sua relação com o Deus invisível, são: firme convicção, entrega pessoal e conduta inspirada por tal entrega. Se a nossa fé não estiver ancorada nestes princípios, não poderá ser colocada à prova.

Abraão é um dos maiores exemplos de fé colocada à prova, todavia, ele não olhava para as circunstâncias; ele tinha disposição de manter-se firme e perseverante porque tinha como base de apoio a Palavra do próprio Deus. A convicção de Abraão, a sua conduta e entrega a Deus eram tão completas que em Hebreus 11:8, está escrito: *"Abraão sendo chamado...saiu, sem saber para onde ia"*, só após entrar em Canaã, o Senhor finalmente disse: *"te darei esta terra". Gênesis 12:7.* A fé de Abraão não estava posta nos campos da terra, mas no Deus provedor! Coisas materiais não fascinavam o coração daquele homem; seus olhos estavam voltados para Deus!

Você tem obedecido a voz de Deus? Oh, que Deus nos faça conhecê-lo na intimidade!

Nada tirou Abraão do seu caminho; nada, nem mesmo os seus próprios fracassos. Isso é vida de fé!

Abraão não ignorou as muitas dificuldades que enfrentou, mas no pleno reconhecimento da sua própria incapacidade ele entregou tudo a Deus com uma confiança inabalável! Sua fé não vacilou e ele escolheu descansar nas promessas de Deus!

Que tenhamos a coragem de entregar tudo a Deus. Ele jamais fica em dívida com aqueles que Nele confiam!

Você não é todo mundo!

"Ouvi, filhos, a instrução do pai, e estai atentos para conhecerdes a prudência." Provérbios 4:1

O teu Pai celestial que tanto te ama quer que você entenda que você é única e que os planos Dele são perfeitos, mas, é necessário que você entenda que *você não é todo mundo!*

Você já ouviu isso? E por que continua agindo como se fosse? Teu Pai está pronto para te abençoar, mas por vezes suas escolhas e comportamentos atrasam aquilo que Ele tem para você!

O que o Senhor tem para a sua vida não pode ser impedido, a menos que você mesmo o faça com escolhas e comportamentos errados. Leve a sério o clichê que sua mãe dizia e que talvez você replica dizendo para seus filhos que eles não são todo mundo!

Passe a agir como única e exclusiva, pois é isso o que você é! Aja com toda a nobreza de quem faz parte da realeza, pois esta é a sua natureza. E uma vez falando de realeza, lembre-se que filha de Rei "não dá chilique", não impõe, não manda, não contende, mas, se preserva e zela por sua identidade.

Qual é o pai que não quer presentear? Mesmo que um filho não mereça, ele ainda deseja fazê-lo; portanto, não atrase os presentes que seu Pai tem para você. Eu não sei qual a referência que você tem de paternidade, mas conheço um Pai que pode fazer tudo novo, se você se posicionar como filha e entender que você é diferente; "você não é todo mundo!"

Vivendo em plenitude

"Por esta razão ajoelho me diante do pai..." Efésios 3:14-21

Paulo pede a Deus em sua oração pela igreja de Éfeso para que eles conhecessem as gloriosas riquezas de Deus através do Espírito Santo, para serem fortalecidos no íntimo do seu ser com poder, para que Cristo habitasse no coração deles mediante a Fé, assim poderiam compreender a largura, o comprimento, a altura, e a profundidade do amor de cristo que excede todo entendimento, para serem capazes de serem cheios de toda plenitude de Deus...Uau!

Me desafiei esta semana a passar trinta minutos por dia a sós com Deus. O intuito era ouvi-lo, sem pedir, ler, ouvir uma música ou falar alguma coisa; e sem o celular... Vou dizer a verdade: quando menos espero meus pensamentos estão em outro lugar, preocupada com o que preciso fazer, querendo ler mensagens no celular, querendo saber de onde vem um ruído, enfim, como é difícil pararmos para ouvi-lo! Tem sido um exercício diário. Quando termino esses trinta minutos, estou com meu coração encharcado de muita alegria, direções, e tudo que preciso fazer durante o dia que parecia ser difícil realizar, tem se tornado mais leve.

Nos primeiros momentos, confesso que parece uma eternidade. O salmista falava para sua alma se aquietar; ele perguntava: *"porque estais tão abatidas, triste e perturbada o minh'alma?* A resposta vinha: *"...espera em Deus, eu ainda o louvarei, ele é a minha salvação... (Salmos 42:5)*

Ele conhecia a totalidade do amor de Deus, gozava da plenitude e sabia que viveria o infinitamente mais. Que possamos desfrutar do amor de Jesus e viver a plenitude do que Ele tem para nós!

Mãos de Marta, coração de Maria

"Respondeu-lhe o Senhor: Marta! Marta! Andas inquieta e te preocupas com muitas coisas. Entretanto pouco é necessário ou mesmo uma só coisa; Maria pois escolheu a boa parte, e esta não lhe será tirada." Lucas 10:41-42

Vivemos num mundo de tantas atribuições e compromissos que nos esquecemos Daquele que deve ser o centro de nossas vidas. A humanidade está repleta de Martas; nela impera a tirania do produzir e das metas. Vivemos sob a ordem da ascensão profissional, da prosperidade financeira, de padrões de beleza, do culto ao corpo e da imagem. Porém, Jesus nos convida a viver como Maria, buscando com primazia as coisas celestiais que são eternas, pois as coisas do mundo são passageiras.

Embora Ele não rejeita nosso trabalho, a construção próspera da vida, Sua prioridade é que tenhamos uma identidade, um caráter segundo o seu coração.

Estar em sua presença e aprender Dele nos permite viver plenamente, com outro olhar e compreensão da vida.

Embora Marta e Maria têm personalidades e atitudes bem diferentes, Jesus as ama igualmente. Porém, Ele nos faz uma advertência quanto ao que deve ser prioridade em nossas vidas. Serviço e adoração devem caminhar juntos, mas a prioridade deve estar na nossa relação com Deus.

Amadas do Pai: há tempo para trabalhar, tempo para estudar, tempo para lazer e há tempo em que apenas uma coisa é necessária: estar aos pés de Jesus para ouvi-lo e adorá-lo.

Há tempo para sermos Marta e há tempo para sermos Maria. Quando tivermos que escolher ser apenas uma, que sejamos Maria.

Escolha olhar para o Senhor

"Eu, porém, olharei para o Senhor e esperarei no Deus da minha salvação; o meu Deus me ouvirá." Miqueias 7:7

O capítulo 7 de Miqueias trata da corrupção moral de Israel. O contexto em que ele estava vivendo era de escassez de alimento, escassez de homens piedosos e retos, corrupção e maldade das autoridades, falta de confiança mesmo entre amigos e parentes e destruição das famílias. Alguma semelhança com o tempo que vivemos hoje? Apesar de tudo isso, o profeta fez *uma escolha*: olhar para o Senhor, esperar em Deus e crer que Ele o ouviria.

Olhar para o Senhor envolvia confiar na provisão divina sobre seu sustento, na piedade e na retidão de Deus, na bondade e na incorruptibilidade do Senhor e no quanto Ele é fiel e confiável. Como podemos fazer isso? Não focando nossos olhos e confiança em pessoas, que são falhas, como nós, mas no Pai, que é perfeito.

Esperar em Deus não é ficar parada, mas fazer sua parte e deixar por conta Dele o que só Ele pode fazer. É confiar que Ele tem o tempo certo para tudo e tem coisas que Ele não nos dá porque não estamos preparadas nem saberemos lidar. Então, enquanto esperamos, precisamos nos preparar.

Crer que Deus ouve também é importante, pois muitas vezes nos esquecemos disso. Achamos que falar com Ele não adianta. Mas isso é uma mentira do diabo! Deus ouve cada respirar nosso, cada palavra que a gente formula em pensamento, mesmo antes dela chegar à nossa boca.

Escolha hoje olhar para o Deus da salvação, esperar Nele e crer que Ele te ouve!

Jesus Cristo, nossa alegria diária

25 de Fevereiro
por Sonale Brizola

"A alegria do coração ilumina todo o rosto, mas a tristeza da alma abate todo o corpo." Provérbios 15:13

O sábio Rei Salomão revela há mais de três mil anos como nossa saúde emocional reflete na saúde física. Nunca na história se vendeu tantos livros de autoajuda, acesso a tanto conhecimento, e ao mesmo tempo nunca houve na história tantas pessoas que sofrem de doenças da alma. Todo ano mulheres sofrem caladas. Quantas mulheres desenvolvem doenças físicas por guardarem sentimentos que afetam seu espírito? Quantas mulheres por não terem um ombro amigo, apodrecem em seus dias, sozinhas, sem autoconfiança; na busca de preencher o coração aflito, fecham seu coração e vivem numa profunda tristeza, sem esperança de dias melhores. Mas, Salomão, centenas de anos mais tarde, ainda vem nos mostrar que quando vivemos assim, todo o nosso corpo padece a ponto de nossos ossos secarem.

A pergunta surge no coração: como mudar isso? Eu te digo: o remédio para nosso espírito não está nesse mundo; o remédio está no relacionamento com Aquele que nos criou, pois somente Nele compreendemos que nada é em vão, tudo tem um proposito debaixo dos céus. Nele compreendemos os mais sinceros motivos para ter alegria na vida, Nele compreendemos que padecemos dores e aflições, mas Ele está conosco; somente Nele conseguimos chorar e sermos consoladas, Nele encontramos abrigo seguro e somente Nele descansamos.

Se hoje sua alma está abatida, te convido a chamar Jesus Cristo para fazer morada em seu coração e a partir desse momento você passará a desfrutar de Sua alegria.

Vença

seus medos

*"Não to mandou eu? Esforça-te, e tem bom ânimo; não temas,
nem te espantes; porque o Senhor é contigo,
por onde quer que andares." Josué 1:9*

A experiência do medo não é algo novo. O medo existe desde o início dos tempos. Quando Adão e Eva caíram na armadilha de satanás, a primeira consequência de sua desobediência fora o medo e a vergonha. Desde então, toda humanidade foi contaminada por este sentimento que muitas vezes nos paralisa.

No texto acima, Deus dá uma palavra de encorajamento a Josué. Ele estava diante de uma grande missão: substituir Moisés e conduzir o povo para a terra prometida.

Josué ficou atemorizado diante de tamanha responsabilidade. Creio que ele pensou não estar preparado para uma tarefa tão árdua. Então, Deus o encorajou dizendo para ele não temer porque estaria com ele em todas as situações.

Talvez esta seja a sua história. Deus te chamou para uma missão, te deu talentos e dons e mesmo assim, você paralisou, crendo não ter capacidade para realizar.

O medo é um cárcere invisível que aprisiona e nos impede de conquistar projetos de Deus para nossas vidas.

Você precisa entender que Deus sempre te capacitará para aquilo que te chamou. É verdade que o preparo cabe a nós (2 Pedro 3.18), porém a capacitação vem de Deus.

Josué ouviu Deus, se animou e cumpriu o seu propósito de vida. E você, até quando deixará o medo te impedir de realizar o seu chamado? Deus conta com você. Há 365 vezes na Bíblia a expressão *não temas!* Então, se aposse dela e siga em frente!

Pequenas ações que geram grandes mudanças

"Favo de mel são as palavras suaves: doces para a alma e saúde para os ossos." Provérbios 16:24

Era uma vez um doce de banana que não tinha gosto de banana (na verdade, não tinha gosto de nada!). Entrou em nossa casa pela primeira e última vez; foi a decisão tomada. Mas, eis que uma ideia surgiu: vamos colocar um pouco de canela... e não é que ficou bom? O doce se transformou! Bastou acrescentar um pouquinho de canela em pó e misturar bem. Simples assim! Foi uma pequena experiência que me fez refletir... Quantas situações ou pessoas só precisam de um "pouco de canela" para que ocorra uma mudança?

Parece que não tem jeito, é melhor deixar de lado, mas, e se eu falar uma palavra de carinho? Uma simples palavra (um pouquinho de canela) amável pode transformar uma vida.

Talvez alguém esteja precisando de uma palavra e é você quem a falará! Você colocará "um pouco de canela" e transformará a vida de alguém. Você pode até pensar que não é a pessoa mais adequada para falar, que Deus deveria usar alguém "com mais sabedoria", mas não desperdice a oportunidade de transformar o dia (ou até a vida) de alguém.

Talvez exista algo em sua vida que necessita de uma pequena mudança. Talvez a mudança de hábitos. Um exemplo seria trocar palavras que ferem, por palavras que curam!

Sim! Pequenas ações podem gerar grandes mudanças. Peça a Deus para lhe mostrar qual pequena mudança você deveria fazer dentro de sua casa. Peça sabedoria. Peça discernimento. Use palavras amáveis que têm o poder de transformar vidas. Use "um pouco de canela"!

Deixe tudo no Altar

28 de Fevereiro
por Vand Pires

Porque dizia: Se tão-somente tocar nas suas vestes, sararei.
Marcos 5:28

Muitas vezes percebemos que estamos no limite e pensamos: "não tenho para onde correr", minhas forças estão indo embora, meus recursos estão se esgotando, a saúde emocional está se esvaindo, a saúde física está piorando... Parece que tudo está fora do controle. Sinto-me sozinha, amargurada, cansada demais para reagir. Cheguei ao fim.

Se você está vivendo esta situação, venho te encorajar e profetizar: você não chegou ao fim! Deus está olhando para você e está vendo seu sofrimento. Você pode se perguntar: se ele está vendo, porque não ajusta a minha vida? Eu te respondo: Ele está pronto para ajustar tudo e colocar tudo no devido lugar.

O que precisamos fazer é reunir forças e nos levantarmos para ir ao encontro Dele. A mulher do fluxo de sangue sofria há doze anos de uma hemorragia intensa, já tinha ido a todos os médicos, gastou todo o seu dinheiro mas, de repente, ouviu dizer que Jesus passaria por ali. Então, com uma ousadia fora do comum disse: "Se eu somente tocar nas vestes Dele, serei curada". As vestes de Jesus eram o altar que ela precisava para deixar todas as suas dores. Ela se arrastou até Jesus porque sabia que só Ele poderia curá-la.

Com você não será diferente. Reúna suas forças, mesmo que pequenas, mesmo se arrastando e chorando e vá ao altar chamado Jesus; deixe tudo aos pés Dele, diga que você não aguenta mais, que suas forças estão indo embora e que você precisa dele. Diga, confie e receba o seu milagre!

Como preencher o vazio que sentimos?

"Deus fez tudo formoso no seu devido tempo. Também pôs a eternidade no coração do ser humano, sem que este possa descobrir as obras que Deus fez desde o princípio até o fim."
Eclesiastes 3:11

Pense um pouco em como você se sente quando é desafiada a conseguir alguma coisa. Talvez nem seja algo que você sonhe ou precise, mas, diante do desafio, surge aquela necessidade de provar que consegue. Muitas vezes, empenhamos tempo e recursos apenas pela sensação de conquista. Por quê? Porque, no fundo, temos um vazio querendo ser suprido.

O pregador de Eclesiastes fala de algo que o próprio Deus colocou dentro de nós: o anseio pela eternidade. E ele chegou à essa conclusão depois de se empenhar numa busca desenfreada pela felicidade, desfrutando de tudo que sua posição e dinheiro podiam oferecer (leia os cap. 1 e 2). Depois de constatar que tudo isso era vaidade e correr atrás do vento, ele entendeu que o vazio que sentia só o que é eterno era capaz de preencher, não podia ser suprido por nada físico, nada material.

O escritor russo Fiódor Dostoiévski disse que *"existe no homem um vazio do tamanho de Deus"*, e eu concordo. Todos nós gastamos nossas vidas em busca de preencher esse buraco, mas só o Senhor é suficiente para isso.

Não que suas conquistas não sejam importantes, mas elas não vão te fazer se sentir plena. Não pense que aquilo que te falta é o que vai te fazer feliz. Pense naquilo que é eterno. E lembre-se: só o Senhor pode nos preencher completamente.

Deixe seu filho crescer

02 de Março
por Alessandra Porto

"Eis que os filhos são herança do Senhor, e o fruto do ventre o seu galardão." Salmos 127:3

Que alegria gloriosa é tê-los em nossos braços. Vivenciamos a certeza de sermos presenteados pelo Senhor, vendo-os crescer e se desenvolver em cada uma das suas dificuldades; os primeiros passos e as primeiras palavras. Parece mesmo que não vamos caber em nós de tanta felicidade e satisfação.

Mas o tempo vai passando e há uma necessidade que temos dificuldade em vivenciar: deixar os filhos crescerem. Por termos responsabilidade sobre eles, de alimentá-los, vesti-los e etc., acabamos, por vezes, os colocando embaixo das asas e os mantendo ligados ao nosso cordão umbilical. Mas, assim como a borboleta tem o tempo exato para sair do casulo, eles também precisam do tempo para viver suas próprias escolhas e assim escolher firmar seus pés na Rocha, que é Jesus. Devemos ser facilitadores para que tenham uma vida digna, com escolhas maduras e amando a Deus sobre todas as coisas. Mas a decisão de amar a Deus é uma escolha individual; isso mesmo, você não pode amar por eles. E nossa geração está vivendo um tempo de jovens com asas frágeis, pois nunca foram expostos a dificuldades reais e não sabem tomar decisões sólidas para voar altaneiramente.

Portanto, ame com tudo que há em você, doe seu tempo de qualidade, se esforce para dar a eles uma vida digna e incrível, mas permita que eles a vivam, que eles a experimentem. Aproveite enquanto ainda estão por perto e dê a eles a oportunidade de dar os primeiros passos acompanhados dos seus olhares de amor e correção.

Vencedores na Batalha

"Nesta peleja, não tereis que pelejar, estai de pé e vede a salvação do Senhor para convosco." II Crônicas 20:17

A passagem fala de um momento para os filhos de Israel no Velho Testamento, em que a luta estava travada entre Judá, os moabitas e os amonitas. Foi quando Josafá, rei de Judá, buscou ao Senhor em oração pedindo livramento, pois os inimigos eram numerosos e pelas suas forças não poderiam vencer. A resposta de Deus veio ao rei: eles não teriam que lutar aquela batalha; o próprio Senhor provocou contendas e emboscadas no arraial dos inimigos, que se destruíram entre si. Deus apenas requereu do povo uma posição de guerra e adoração para contemplar o livramento do Senhor. De repente, estamos diante dos adversários que se levantam contra nós para nos destruir, as forças são poucas e quem sabe já fizemos tudo o que era possível. Precisamos reconhecer que somos incapazes e limitados, orando como Josafá, esperando Naquele que não perde batalhas.

Ouvir a voz do Senhor é a certeza da vitória, pois isso nos traz ânimo na caminhada como vencedores, já que a luta pertence ao Senhor. Pare e escute o que Deus tem a dizer sobre este tempo que está vivendo.

As vitórias que Deus tem para aqueles que Nele confiam estão garantidas através do exercício da fé. Sair ao encontro das adversidades com a certeza de que serão superadas é o que Deus nos garante hoje: vencedores na batalha!

Levante-se, guerreira! Não espere que façam por você!

Comece o dia em oração, descanse suas forças em Deus e siga em adoração.

Aquela vontade de desistir

"Dá vigor ao cansado e multiplica as forças ao que não tem nenhum vigor." Isaías 40:29

Como é difícil lidar com algumas situações conflitantes, daquelas que saem do nosso controle, sabe? Somos tentados, confrontados, muitos enfrentam sentimentos de insegurança e inferioridade. Isso tem ligação, muitas vezes, com o ambiente a que fomos expostos quando ainda éramos crianças. Esses sentimentos aprisionam nossa mente, minando nossa capacidade de raciocinar, refletir; nos fazem procrastinar, nos fazem sentir incapazes e nos roubam o fôlego. Engraçado que, mesmo diante de tanta assolação, você já parou para pensar que ainda está de pé? Você não parou! Talvez você me diga: "Vontade não faltou (risos)", mas continua de pé, correndo a carreira e continua lutando. E esta mensagem é uma mistura de renovo e encorajamento.

Quando Isaías escreveu esse capítulo, que fala do livramento ao povo de Israel, ele estava nos últimos dias de vida. Foram profecias de consolo e refrigério para um período difícil que enfrentariam no cativeiro babilônico. E isso nos mostra que, apesar das dores, Deus permanece o mesmo, Ele permanece conosco. Em vez de questionarmos os motivos de enfrentar diversos problemas, que possamos viver as experiências que o Senhor nos proporcionará com eles. Que em vez de pensar em desistir, pensemos em como reverter essas situações em grandes testemunhos de milagres.

O último versículo desse texto (Isaías 40:31) nos traz uma mensagem de consolo sobre esperar e não desistir. Aquele que espera tem a promessa de ser renovado, voar mais alto, acima das dificuldades, correr espiritualmente sem se cansar e caminhar firmemente sem desfalecer. Desistir não é uma opção; vá em frente, você é mais forte do que imagina.

Amor que me constrange

"Porquanto o amor de Cristo nos constrange."
II Coríntios 5:14

Vamos falar de dois tipos de constrangimento. O primeiro significa *vergonha*. Eu já passei por situações muito constrangedoras na minha vida! Já caí na rua, já fiz xixi na calça no pátio da escola, já perguntei para uma mulher de quantos meses ela estava grávida, para ganhar aquela olhada fulminante seguida da resposta "não estou grávida, não". Detalhe: eu era a repórter e a entrevista estava sendo transmitida!

Tenho certeza que você também tem situações em que se sentiu constrangida para contar. Mas o constrangimento a que o versículo se refere, graças a Deus, não é desses. Não quer dizer que o amor de Cristo nos fará sentir envergonhadas. É outro tipo de constrangimento.

É o tipo de constrangimento que nos leva a não entender tamanho carinho conosco. Aquele sentimento de rosto corando quando alguém nos faz um elogio inesperado. Aquele frio na barriga quando somos honrados sem esperar. Aquela certeza de sermos amadas sem termos feito esforço algum para isso. Esse segundo tipo de constrangimento significa surpresa, por se perceber amado além de qualquer merecimento.

Deleitar sua alma no grande amor de Cristo é meu convite para você hoje! Que tal tirar seu tempo para orar em gratidão por esse amor tão especial, maior do que tudo na nossa vida e que nunca terá fim?

Pensai nas coisas do alto

"Pensai nas coisas que são de cima, e não nas que são da terra." Colossenses 3:2

Pensai alto. Pensamento alado. Estabelecendo longa distância das circunstâncias da Terra; deixando a vaidade secar-se no seu devido lugar e fazendo a mente frutificar, gerando convicções e princípios eternos e inegociáveis.

Pensai proativamente. Mente renovável. Mente de Cristo. Não um pensamento anestesiado e chateado com a rotina.

Não com um olhar vagante, desleixado, tipo viajante sem bússola.

Pensai seletivamente, fazendo escolhas vitais, priorizando pensamentos de autoconfiança e certeza nas coisas que ainda não se veem.

Pensar e *sair* do *mesmo* lugar. Sair da posição de origem, sair do zero, superar o temor. Vencendo o ócio, despedir-se do lugar cômodo.

Pensar e acordar. Pensar e discordar do velho pensamento apático; despertar do luto sobre si mesmo. Pensar o Verbo e ressuscitar o desejo pela vida.

Pensar é atitude crítica. É colocar na mesa todas as cartas: as dúvidas, as interjeições, o caos, o silêncio, os medos, as manias de desculpas e as procrastinações.

Pensar em vias de resolução, o sim em detrimento do não; a faca e o queijo na mão!

Pensar com a intenção de crescer e maturar.

Pensar crendo e sabendo a direção de onde chegar.

Pensar com devoção, ato que vai além da razão. Pensar com o coração nos céus, retirando os pés do barco e flutuando sobre as águas.

Pensai como autorreflexão: prudente é quem a si mesmo se examina sem exaustão. Pensai como se fosse uma confissão!

Pensai com o corpo em oração. A sós, um pensamento que traduz o alento do coração: Senhor, não retires e mim a Tua presença!

Cuidado

com conselhos tóxicos

"Não incomode mais o Mestre"
Lucas 8:49

Muitas vezes, as pessoas tentam te desanimar, te enfraquecer, tirar você do foco, sabotar seus sonhos com palavras tóxicas, "conselhos" que trazem sentimentos ruins, pensamentos de incapacidade e geralmente dentro de uma situação que, aos olhos humanos, não tem mais jeito. Como, por exemplo, a filha de Jairo, que aparentemente estava morta e os "amigos" disseram: *não incomode mais o Mestre.*

Não desista de pedir o impossível para Deus, Ele pode! Deus continua realizando milagres, não parou nas histórias da Bíblia. Se Deus fez uma promessa, lembre-se do caráter Dele; Deus nunca decepciona.

Que seus ouvidos estejam abertos para ouvi-lO, em vez de escutar "Pare!". Creia que o justo viverá pela fé e sem ela ninguém pode agradar a Deus (Hebreus. 11:6). Por isso, traga à sua memória aquilo que te dá esperança.

Fique mais tempo a sós com Deus, lendo Sua Palavra e dependendo da força do Espírito Santo para te fortalecer. Não desanime por conta das vozes externas, a graça de Deus está sobre a sua vida e Deus te levará a ver vida naquilo que parece estar morto.

"Talita" irá ressuscitar pelo comando da voz poderosa de Jesus; prossiga orando, rumo às Suas promessas. Creia! O mais, Ele fará.

Mulheres Empoderadas

"Mas vocês receberão poder, ao descer sobre vocês o Espírito Santo, e serão minhas testemunhas tanto em Jerusalém como em toda a Judeia e Samaria e até os confins da terra." Atos 1:8

Uma ideia do mundo que muitas de nós temos comprado é o chamado empoderamento feminino, que fala de um poder que está dentro de nós, no nosso coração e na nossa mente. Mas a Palavra de Deus diz que nosso coração é enganoso e nossa mente é o principal campo de batalha em que o mal e o bem guerreiam para ver qual vai prevalecer nas nossas decisões.

Dois pilares desse empoderamento são autoconhecimento e autorresponsabilidade. "Auto" é tudo aquilo que diz respeito a você mesma. Autoconhecimento fala da importância de conhecer o que você tem por dentro, seus pontos fortes e suas limitações, para se tornar livre e independente ao descobrir que a solução de tudo está dentro de você. Autorresponsabilidade fala que você é responsável pela sua atual condição e por sair dela, ou seja, não há solução se não em você mesma.

Não é esse tipo de poder que precisamos colocar para fora! Quando Jesus prometeu encher pessoas de poder, estava falando de poder que vem do Alto. Do mesmo poder que O ressuscitou dos mortos! O poder que precisamos para sermos Suas testemunhas.

O poder do Espírito Santo pode fluir em sua vida para operar milagres, trazer revelação e palavras de conhecimento, cura, libertação e salvação, para você e para as pessoas que você tocar. Seja empoderada Dele, Nele e para Ele!

Fica em paz, fica firme.

09 de Março
por Denise Mariano

"Eu vos digo isso para que tenhais paz; no mundo tereis aflições, mas tende bom ânimo, eu venci o mundo". João 16:33

Numa conversa com os discípulos, Jesus, em João 16:33, disse: *"Eu vos digo isso para que tenhais paz; no mundo tereis aflições, mas tende bom ânimo, eu venci o mundo"*. Precisamos estar atentos aos nossos dias, pois estamos vivendo-os como quem não tem garantia de absolutamente nada. Vivendo os ataques que esta era nos traz, esquecendo que a Palavra de Deus é garantia para qualquer problema que enfrentamos. No texto, o que vemos Jesus fazer é exatamente isto: garantir que a paz estivesse sobre eles em meio ao que ainda enfrentariam no mundo. Ele não disse que não teríamos aflições, pelo contrário. Mas Ele fez questão de dizer que venceu este mundo.

Acredito que se não valorizarmos a Palavra e continuarmos desesperados com tudo o que acontece — especialmente depois desse ano de 2020 —, não viveremos o que ela nos garante. Devemos, com urgência, fazer o que Hebreus 10:23 nos sugere: *"Retenhamos firme a confissão da esperança sem vacilar, pois quem fez a promessa é fiel."!* Vemos a mesma coisa em João 16:33: um Cristo invicto dizendo que Sua vida, morte e ressurreição venceram o mundo. Então, ouso juntar essas duas referências bíblicas e desafiar você a viver essa Palavra e manter a confissão da sua Esperança, que é a própria Palavra de Deus, pois nela está tudo o que precisamos para vencer tais aflições.

Na vida de Jesus, Ele vence o mundo; na Sua morte, Ele vence o pecado; e na ressurreição, Ele vence o diabo. Sendo assim, fica em paz e fica firme.

Viva um dia de cada vez

"Não vos inquieteis, pois, pelo dia de amanhã, porque o dia de amanhã cuidará de si mesmo. Basta a cada dia o seu mal."
Mateus 6:34

O ser humano sofre por muitos motivos. Alguns vivem atormentados por causa das dores e tristezas do passado, e ainda as feridas e dissabores do presente. Mas, para a neurociência, o maior sofrimento do indivíduo está relacionado com o amanhã. *Como será o amanhã?* Quantas perguntas que não sabemos as respostas. *Será que...?* Nessa incerteza, somos tomados de preocupações, vivemos a dor do que poderá – ou não – acontecer! Sempre que leio esse texto, me vem à memória os quartos gélidos do hospital. E como profissional do comportamento humano, essas eram as palavras que eu falava aos pacientes: "um dia de cada vez", "vamos viver o hoje intensamente". Jesus, conhecendo as fragilidades do coração humano, nos orienta e nos dá a direção segura: leia Mateus 6:34. Ele sabia que não há nada que eu e você possamos fazer em relação ao que irá acontecer. Sabemos que é necessário planejar, precaver e se preparar. Porém nada que façamos nos trará a segurança que desejamos. Precisamos ter em mente: nossos cuidados não serão suficientes, ou mesmo adequados!

Nesse momento, surge a pergunta: *O que fazer?* A melhor coisa a fazer é aprender a descansar Nele. Sim, o dia de amanhã já está escrito por Ele. Então *Ele* já está lá. Cabe a nós colocarmos nossas vidas nas mãos Dele, confiarmos Nele; Ele nos ajudará a enfrentar o amanhã. Estamos diante de uma escolha a ser feita: preocupar-se com o amanhã ou deixar o amanhã na responsabilidade Dele. Compreendo perfeitamente que não é tarefa fácil descansar e não se preocupar. Mas toda e qualquer atitude que façamos não se pode comparar com o agir poderoso do Altíssimo.

A Bíblia nos orienta: *"Ponha a sua vida nas mãos do Senhor, confie nele, e ele o ajudará."* (Salmos 37:5). Jesus sabia da preocupação do coração dos discípulos. Ele sabe da preocupação do seu coração. Mas o amanhã pertence a Ele.

Acredite, Ele sabe o que é melhor para nós. Deixe o amanhã para amanhã. Desfrute da companhia Dele hoje. Viva um dia de cada vez.

Decida Perdoar

"... perdoando-vos uns aos outros, como também Deus vos perdoou em Cristo." Efésios 4:32

Uma vez, em uma conversa com meu pai, ele me contou a história de uma irmã que estava em uma confraternização. Uma outra irmã estava servindo e quando esta passou com a bandeja, ela esticou a mão para pegar o que era servido. Sem perceber, a que estava servindo se virou, deixando a outra com o braço estendido na frente de outras pessoas. Aquilo a deixou envergonhada e foi o suficiente para se estabelecer em seu coração a amargura.

Para ela ter se magoado com isso, seu coração já devia estar muito machucado. Tudo se resolveu com uma conversa e com um pedido de perdão, mas você percebe como uma gota d'água se torna uma tempestade em uma pessoa ferida? Quantas pessoas guardam mágoas de coisas mais graves se comparadas à história acima? Pedir perdão e perdoar são mais complicados do que pensamos; para uns é mais fácil e para outros, nem tanto. Quantas doenças psicossomáticas advindas da falta de perdão! Algumas situações podem ter te ferido a alma de forma profunda, como abusos na infância, abandono, rejeição, violência física ou psicológica... Se está difícil, busque ajuda.

Pode ser que a cura não venha do dia para a noite, pode ser que leve um tempo para que a ferida da sua alma seja curada. Fique tranquila, Jesus entende sua dor e Ele pode te ajudar nesse processo. Não há ninguém melhor que Ele para entender de dor, de traição, de rejeição e de violência. Mesmo sendo maltratado e castigado, ainda assim pediu para o Pai perdoar aqueles que O estavam ferindo.

Confie, Ele pode e vai te ajudar a perdoar.

Deus não se esquece das promessas

12 de Março
por Ellen Cristina

"Deus, porém, ouviu a voz do menino; e o anjo de Deus chamou do céu a Agar e lhe disse: Que tens, Agar? Não temas, pois Deus ouviu a voz do menino, daí onde estás." Gênesis 21:17

A história que envolve Abraão, Sara e Agar é uma temática que, apesar de escrita há tantos anos, ainda é muito atual em nossos dias. Todos eles tinham consigo a promessa de que seus filhos seriam grandes nações. Entretanto, o ciúmes ou mesmo uma discórdia fez com que Abraão mandasse embora de casa Agar e seu filho.

Mãe e filho saíram andando errantes pelo deserto de Berseba. Tinham consigo somente pão e um odre de água. A Bíblia conta que a água acabou, então Agar colocou o menino debaixo de um arbusto e ficou à distância, para não vê-lo morrer. Quantas vezes nos apoiamos em promessas humanas! Falsos amigos que nos garantem estar conosco na aflição, mas na hora dos momentos maus, nos vemos sozinhos. Em minha história de vida, posso testemunhar que se não fosse Deus cuidando de mim e da minha família, não saberia te dizer o que seríamos.

Sou filha de pastor e cresci (ou melhor, corria) na igreja; de segunda a segunda estava lá com a minha família. Via meu pai e minha mãe servindo em todas as áreas da igreja. Lembro-me da casa cheia de amigos, grandes almoços e encontros de oração em casa. Quando tinha treze anos, meu pai faleceu. A casa, então, ficou silenciosa. Poucos amigos, nenhuma festa e muitos achando que nossa família não resistiria às aflições. Mas eu tinha uma mãe de oração que não desistiu e não esqueceu das promessas de Deus para a nossa família. Diferentemente de Agar, minha mãe ficou perto, acompanhou minha adolescência e de meus irmãos e nos incentivou a concluir os estudos até a pós-graduação, sem deixar de servir e honrar a Deus. Mesmo estando no deserto, Deus não desamparou Agar e seu filho. Enviou-lhes o livramento e ele se tornou pai de uma grande nação, como Deus prometera. Atualmente, eu e minha família, Nalva, Priscilla e Celinho, continuamos servindo ao Senhor em unidade e temor à Sua Palavra. Deus nos honrou em Suas promessas. Não desista de sua família e de seus filhos. Não cesse de orar por eles. Não importam as circunstâncias; se Deus prometeu, Ele é fiel para cumprir.

Perdão é liberdade

"Porque, se perdoardes aos homens as suas ofensas, também vosso Pai celestial vos perdoará a vós." Mateus 6:14

Jesus nos ensinou pelo Seu exemplo de vida que devemos perdoar aos que nos ofenderam, orar pelos que nos maltratam e abençoar os que nos amaldiçoam. O perdão é unilateral, é uma lei inegociável e irrevogável, é um mandamento e o único remédio para curar as feridas da alma. O perdão nos liberta das prisões da alma, reconcilia gerações, restaura os relacionamentos, as famílias e põe um fim nas contendas. O perdão é uma lei espiritual; por isso, é absoluta. Quem não perdoa está preso (Mateus 18:34).

Perdoar é uma escolha; é escolhermos o caminho da cruz de Cristo. Nunca vamos perdoar alguém mais do que fomos perdoados por Deus em Jesus (Lucas. 23:34). Perdoar é a arma mais poderosa contra as ofensas e injustiças que sofremos. Quando liberamos o perdão e perseveramos na decisão de perdoar nossos ofensores, as feridas da nossa alma cicatrizam. A cura da alma é a cura das feridas.

O amor descrito em I Coríntios 13 não é um sentimento, mas uma atitude, uma decisão, algo que se aprende. Uma escolha de tratar as pessoas como somos tratados por Deus. Perdoar é não reagir à ofensa, não pagar o mal com o mal.

A ofensa é a isca mortal de satanás para que ele consiga roubar nossa paz e destruir os relacionamentos. Não morda a isca da ofensa! Perdoar é o caminho estabelecido por Deus para a cura e a restauração.

"Satanás nos apresenta a isca, e nos esconde o anzol."
Thomas Brooks

Seu lar

"Se não for o Senhor o construtor da casa, será inútil trabalhar na construção. Se não é o Senhor que vigia a cidade, será inútil a sentinela montar guarda." Salmos 127:1

Uma casa pode ser uma construção, a estrutura física, ou um lar repleto do amor de Deus, uma atmosfera leve, feliz, em que caminhos entrelaçados seguem na mesma direção: Jesus.

Alguns lares são lugar de confusão, de discórdia e destruição. A verdade é que, ao passo que vigiamos nossas casas, somente podemos protegê-las com a ajuda de Deus. E o que profetizamos, ou seja, as palavras que proferimos são determinantes.

Eis a questão: O que você diz sobre a sua casa? Qual é a esfera espiritual que cerca, move você e sua família? São palavras positivas, abençoadoras e para o crescimento? Ou cargas hereditárias, discursos de falência e enfermidades? Dependemos de Deus para ter uma descendência bendita, mas somos os agentes desta promessa. Como terão paz se não promovermos a paz? Como conhecerão o amor se não estivermos dispostos a cuidar?

Temos responsabilidade direta, porque somos os profetas da nossa própria vida. Nenhuma palavra contrária prospera contra a igreja do Senhor, então faça do seu lar um lugar de adoração a Deus. Liberte-se da idolatria, da imoralidade sexual, do lixo emocional e maldições familiares. Nenhuma circunstância dita o seu destino. Profetize sobre a sua casa! Declare que os seus são benditos, que são conhecidos pela alegria da salvação. Toda e qualquer situação adversa se tornará em glória para Deus. Que Deus seja o centro da sua casa. E assim reinará a paz; haverá honra na sua casa.

Propósito, Missão e Legado

"Sabemos que Deus age em todas as coisas para o bem daqueles que o amam, dos que foram chamados de acordo com o seu propósito." Romanos 8:28

Existe um chamado e um propósito na sua vida estabelecidos por Deus muito antes de você nascer, porque Ele te conhece e te formou no ventre da sua mãe quando você era um ser informe e no livro Dele todas as coisas foram escritas (Salmos 139:16).

Você sabe qual é o seu propósito de vida? A ausência dessa resposta é causa de muita aflição. Quando você descobre, a vida fica diferente.

Seu propósito é o motivo que te faz levantar todas as manhãs, aquilo que te dá muito prazer quando você o realiza, quando se sente completa com aquilo que faz. Deus sempre vai imprimir o propósito Dele no seu coração.

Dentro de você existe uma essência única para fazer a diferença no mundo; Deus tem um propósito único para você. O propósito Dele já está intrínseco em você, através dos dons e talentos que Ele te deu. A sua missão tem uma forte ligação com o seu propósito: quem fundamenta a missão é o propósito. Missão implica em atitudes para realizar o propósito. Sem o propósito não existe missão, e sem missão não se alcança o propósito.

Legado é o resultado do propósito e missão realizados, é a sua contribuição para o mundo, para as pessoas ao seu redor; é uma herança imaterial de grande valor. Hoje é o momento de pensar em como as pessoas vão se lembrar de você. Pense nisso! E comece a construir seu legado.

Filhos: Herança do Senhor

"Educa a criança no caminho em que deve andar, e até quando envelhecer não se desviará." Provérbios 22:6

Aprenda a observar a importância de estar presente na vida de seus filhos. Aproveite o tempo com atividades que plantem sementes de amor, para ter lembranças no decorrer do tempo. Seja exemplo, tenha equilíbrio, crie costumes familiares enriquecidos com amor, honestidade e oração. Ensine seus filhos a viver neste mundo, mas não a pertencer a ele.

Ensine seu filho a amar a Deus, Seus ensinamentos e a andar nos bons caminhos. Mostre a ele o amor que sente, as correções necessárias para seu crescimento como pessoa. Seja espelho nas responsabilidades e agradeça por ele ser especial na sua vida.

Leia mais com ele, conte suas histórias, comemore suas conquistas, brinque mais e incentive-o a ser uma boa pessoa. Ensine a respeitar os outros, respeitar seu espaço e a ter flexibilidade para resolver as coisas. Ensine a se colocar sempre no lugar do outro. Ensine a ter força de vontade para enfrentar os desafios da vida, com confiança e sabedoria para escolher com cuidado as batalhas.

Ame e demonstre, confiando que quando precisar, ele saberá te procurar. Ensine sempre a ter coragem e não desistir, e que às vezes será preciso perder para ganhar. E ensine que a família é a base de tudo e Deus deve estar acima de todas as coisas.

O Encontro com Deus

"Não me escolhestes vós a mim, mas eu vos escolhi a vós e vos nomeei, para que vades e deis fruto, e o vosso fruto permaneça; a fim de que tudo quanto em meu nome pedirdes ao Pai, ele vo-lo conceda." João 15:16

Sou uma pessoa que, em determinado ponto da vida, parou e pensou: *Para que propósito fui criada?* Essa pergunta foi como se uma faca bem afiada me atravessasse. Sim, isso mesmo! Foi o dia em que Jesus falou ao meu coração e disse: "Somente em mim você descobrirá sua origem, sua identidade, seu significado e seu propósito. Todos os outros caminhos são becos sem saída". Foi simplesmente inesquecível!

Em 2000, comecei minha nova vida e trajetória. Uma história totalmente diferente da minha vida pregressa. Tudo mudou radicalmente, como da noite para o dia. Vieram as podas (que ainda continuam acontecendo), que são extremamente necessárias; ainda preciso de muita mudança, mas em comparação com quem eu era, não consigo explicar. Jesus fez uma grande mudança, ou melhor, um grande milagre neste ser humano aqui. Passei por caminhos obscuros e perigosos e quando olho para trás, vejo o quanto Deus me guardou e o quanto Deus me ama, a ponto de me escolher. Realmente nasci para um propósito Dele. Hoje, tenho 41 anos, sou casada com o Pastor Joelson Santana Souza e sou mãe de 3 filhos: Gabriel, Matheus e João Victor, minhas heranças. Minha família é uma promessa de Deus feita ainda no início de minha caminhada na fé. Jamais pensei em casar, ter uma família e uma vida abençoada assim. Somos uma família que se ama e se respeita e mesmo com nossos altos e baixos, somos extremamente felizes e sou grata a Deus por isso. É uma promessa que se cumpriu.

Hoje olho para trás e vejo que a vida sem Jesus não é vida, é um tronco cortado. A vida com Ele é frutífera. Hoje, percebo que Deus não é apenas o ponto de partida de nossa vida, mas é a fonte dela. Permita-se desfrutar dessa nova vida em Cristo. Ele certamente ajustará sua rota e te levará por caminhos retos e seguros, e você jamais será o mesmo. Tudo começa Nele, pois todas as coisas, absolutamente todas, nos céus e na Terra, visíveis e invisíveis, começaram Nele e Nele encontram seu propósito (Colossenses 1:16).

por Ivone Santana

"Vinde a mim todos os que estais cansados e oprimidos, e eu vos aliviarei." Mateus 11:28

O cansaço é uma realidade constante na vida das pessoas. Os motivos são diversos, e acredito que você também deve estar procurando uma forma de aliviar essa fadiga.

Chegamos a um ponto quando sentimos um peso, e essa carga pode trazer diversas consequências, tanto físicas quanto emocionais. Procuramos vários tipos de ajuda, ora através de um especialista, ora através dos amigos. Pode ser que, de alguma forma, eles possam nos ajudar, mas o melhor remédio para nos trazer esse alívio é Jesus. Ele nos atrai para Si e segue esperando; não somente por um, mas por todos, e Seu convite é: Vinde a mim *todos*, ou seja, sem exceção. Cada pessoa sofre do seu modo e Jesus não olha o quanto você consegue suportar, ou o que te oprime; se a sua dor é maior ou menor que a dor da pessoa ao seu lado. Independentemente da sua situação, Jesus vê da mesma forma, porque Ele conhece os Seus filhos. Como um recém-nascido conhece a voz de sua mãe, você também precisa reconhecer a voz do Senhor; é através dessa voz que encontrará descanso.

Caminhe, mesmo que lentamente na direção Dele; o cansaço nos deixa sem fôlego. Se encontrar obstáculos inesperados, ultrapasse-os. Portas poderão se fechar, mas bata na porta e insista, porque ela vai se abrir. As dores do corpo são sinais desse cansaço, mas resista.

Ande em direção a Cristo. Não pare, persista, pois certamente chegará o tempo do refrigério. Jesus traz alívio através da Sua presença, traz o refrigério e torna o seu fardo leve.

Quando o dia mau bate à sua porta

19 de Março
por Juliana Moraes

"[...] Por isso, vistam toda a armadura de Deus, para que possam resistir no dia mal e permanecer inabaláveis, depois de terem feito tudo [...]" Efésios 6:13

Como será esse dia? Sabemos que hoje muitas pessoas passam por várias adversidades dentro e fora de seu lar ou família. Mas também vemos muitos não entenderem o que passam, o porquê e tampouco sabem como sair. O apóstolo Paulo em sua carta aos Efésios, no capítulo 6, deixa bem claro que esse dia vem para todos nós, quer sejamos crentes em Deus ou não. Na verdade, há quem acredite que se formos fiéis a Deus, a vida será sem problemas. João 16:33 diz: *"neste mundo vocês terão aflições; contudo, tenham ânimo! Eu venci o mundo"*. Se o próprio Jesus falou que passaremos por aflições, então é inegável que esse dia chegará, que precisamos nos preparar para que ele não nos pegue despidos das armaduras de Deus.

Você pode se perguntar como saber se o tempo que está é o dia mal ou não. No mesmo capítulo que lemos de Efésios, podemos perceber armas específicas, como: cingir-vos com a verdade, couraça da justiça, calçar os pés na preparação do Evangelho da paz, o escudo da fé, o capacete da Salvação e a espada do Espírito. Podemos perceber que em todos os sentidos, há uma proteção, corpo, alma e espírito, então a conclusão que podemos obter é que o dia mal traz consequências e abala o físico, o emocional e o espiritual.

A guerra surge por todos os lados. Você já se perguntou por que às vezes as situações vem de toda parte? *Nossa, para onde eu olho tem um problema!* Nesse período, somos tendenciosos a pensar negativamente em todos os sentidos; a não ver lado bom nas situações e ainda sofremos uma "perda de memória", pois não conseguimos nos lembrar das promessas de Deus nem da Sua Palavra. Isso não quer dizer que somos ingratos ou ruins, é que a dor arranca de nós os sentidos positivos automaticamente. Por essa razão e sabendo disso, Deus nos convida a nos revestirmos com Suas armaduras, pois assim podemos enfrentar essa guerra, lembrando que ela não dura para sempre; ela tem prazo, dia e hora de acabar! Deus fará justiça. Deus te ama, Deus quer ver você vencer. Não se apegue à dor; deixe ela passar, suporte mais um pouco. Deus sabe exatamente até onde você aguenta. Esse problema não é para te destruir, mas para te promover. Você é mais que vencedor.

Bendito Ideal

"Minha graça te basta, porque o meu poder se aperfeiçoa na fraqueza." II Coríntios 12:9

Não sei para você, mas para mim esse é um texto desafiador. Em momentos, quando lamentei por algumas sombras das quais queria me livrar, ouvia suavemente o Espírito me dizer: *"Minha graça te basta..."* Eu não queria ouvir isso! O que eu queria era solução, resposta, poder!

Quando Deus me disse que minhas imperfeições faziam parte da minha identidade e deveriam ser acolhidas e respeitadas tanto quanto minhas maiores qualidades, porque, inclusive, elas me faziam quem sou e que o Senhor não as desperdiçava, entrei em "parafuso". O Espírito, repetidas vezes me dizia: Minha graça... descanse nela. Eu pensava: "Mas eu devo ser a mulher virtuosa, olha tudo o que ela faz... Estou tão longe disso". E Ele dizia: Seja sua melhor versão. Eu não quero mulheres em série, quero mulheres reais, com o coração entregue. Pensava: "Impossível ser Deus falando comigo!". Mas, após um bom tempo de oração, terapia e muita honestidade, acolhi o que considerava ser meus defeitos e por incrível que pareça, situações com as quais eu lutava há anos foram dissolvidas.

Quando negamos parte de nós, essas partes insistem em nos perseguir; é quase como querer viver sem pele. Eu era escrava de um padrão que criei e me esticava para chegar nesse lugar, certa de que era onde Deus me queria. Que bom que me enganei! Ele sempre me quis como sou e me conduziu gentilmente a quem eu poderia ser, considerando todos os meus atributos.

Seja livre! Seja quem Deus te criou!

Ajustando o olhar

"... corramos com paciência a carreira que nos está proposta, olhando para Jesus, autor e consumador da fé." Hebreus 12:1-2

À s vezes, é preciso mudar o olhar, mudar o ângulo... a perspectiva... e entender que nem tudo sai como o planejado, porque é próprio da vida ser repleta de variáveis. Mudar a forma de olhar não significa cortar raízes... Na maioria das vezes, significa se colocar no lugar do outro. Ver a situação de um ponto de vista diferente. Porque, em nossa caminhada, sempre surgem situações inusitadas, indesejadas e inesperadas.

Por isso mesmo precisamos cultivar um espírito disposto a aprender e corajoso o suficiente para enfrentar as provações, porque elas virão. Mas não pense que elas surgem para nos matar. Elas surgem para nos tornar melhores do que somos hoje. E se escolhemos apenas reclamar e não encarar o desafio proposto, simplesmente estagnamos e paramos de crescer.

A dor não é de todo ruim. Ela refina a inteligência, aguça a inspiração e faz melhor o coração. Então que tal deixar de olhar para si mesmo e ajustar o foco para contemplar mais atentamente tudo o que está à sua volta? Escute, observe, aprenda, retire os espinhos que em nada acrescentam e absorva tudo aquilo que te faz melhor. Busque ajustar seu olhar pelo olhar de Cristo, e não da tradição, do costume ou da liturgia. Isso te fará viver melhor, ainda que a situação e o lugar sejam os mesmos, pois quando olhamos com os olhos de Jesus, sempre conseguimos enxergar além do que está aparente. E isso é transformador!

Deus tem

cura para o seu coração

"Não se perturbe o coração de vocês. Creiam em Deus; creiam também em mim." João 14:1

Muitas pessoas tiveram uma história de vida delicada, com perdas, sofrimentos, abusos e a única saída foi ser forte e sobreviver no meio de tanta dor, e talvez por isso acreditaram que estavam sozinhas. Por mais que seja difícil acreditar, a verdade é que Deus nunca te abandonou. Possivelmente, você cresceu com a sensação de que não poderia confiar em alguém e que precisava se defender o tempo todo: isso são as feridas do seu coração.

Sua alma pode estar desfalecida, Deus continua sendo Deus e estendendo a mão para você; então, aceite essa ajuda. Se está muito fraco para passar um tempo no seu secreto orando, apenas chore; se isso não lhe ajudar, você pode ouvir um louvor, pedir uma oração ou simplesmente falar: "Me ajude, Senhor, porque sinto dores emocionais". O importante é você se lembrar que Ele tem o remédio para seu coração partido, que o seu socorro vem Dele e que mesmo estando com tanta mágoa, ressentimento e tristeza, você não perdeu seu valor diante Dele e o Seu amor continua a transbordar por ti.

O Senhor nos prometeu vida em abundância, isso significa qualidade vida. Ele não quer filhos aprisionados no sofrimento, e sim libertos pela graça. Aproveite o amor e a misericórdia Dele e se entregue para curar suas feridas. Ele pode fazer isso no seu momento de oração, no discipulado ou de tantas outras formas, o que Ele espera é que você dê o primeiro passo de confiança.

Saúde Mental

"Acaso não sabem que o corpo de vocês é santuário do Espírito Santo que habita em vocês, que lhes foi dado por Deus, e que vocês não são de vocês mesmos? Vocês foram comprados por alto preço. Portanto, glorifiquem a Deus com o seu próprio corpo." I Coríntios 6:19-20

Hoje, o convite é para olharmos com mais carinho para nós mesmas. Será que já tiramos um tempinho para o autocuidado? Não é sobre *skincare*, não é sobre cronograma capilar, nem mesmo uma nova receita de chá. Antes de querer estar bem *aparentemente*, precisamos olhar com um pouco mais de atenção para nossa mente, pensamentos e emoções.

Precisamos nos aproximar de nós mesmas e observar o que anda fora do lugar e dar a devida atenção àquilo que não tem sido visto. O autocuidado é um mandamento de Cristo. Ele diz que nosso corpo é templo, sendo assim, ele precisa estar bem cuidado e curado, para que assim possamos cuidar e curar outras pessoas. Quando estamos com dores pelo corpo, procuramos ajuda médica. Mas quando se trata de cuidar da mente e das emoções, muitos dão um passo atrás. Muitas vezes, percebemos que algo está errado, mas deixamos passar. Quando menos se espera, algo maior toma conta da nossa mente e corpo. Depressão existe, sim, e precisa ser cuidada, e é nisso que o inimigo vai agir se não tomarmos providências e cortarmos o mal pela raiz. Ele espera brechas serem abertas para entrar e implantar pensamentos malignos.

A Bíblia é muito clara quando nos orienta a cuidarmos da nossa mente, pois é por ela que passa tudo aquilo que pensamos. É como se fosse um campo de batalha. Se estiver fraca e mal alimentada, facilmente será bombardeada de pensamentos indesejados.

Precisamos alimentar nossa mente com tudo aquilo que for louvável e apresentar nossos pensamentos e emoções a Deus, pedindo para restaurar e curar. Cuidar da mente é zelar pelo templo do Espírito Santo.

Transformadas

"... aquele que em vós começou a boa obra a aperfeiçoará até ao Dia de Jesus Cristo." Filipenses 1:6

Para se tornar um vaso, o barro nas mãos do oleiro passa por diversos processos até que esteja como o oleiro planejou. Tudo começa com a escolha do barro; então, ele é amassado até ficar na consistência certa, para assim ser moldado e, por fim, ser concluído. O ouro, em sua natureza bruta, tem certo valor, mas ele ainda precisa passar por um processo de purificação para seu valor real aparecer. O mesmo acontece com o diamante: até alcançar seu brilho pleno, o processo de lapidação é necessário. Com o ser humano também não é diferente. Para ficarmos como Deus deseja, precisamos passar por alguns processos. Há coisas em nós que precisam ser tiradas, até alcançarmos uma nova forma. Portanto, mudanças precisam ser feitas, preconceitos — pré-julgamentos — precisam ser revistos, sentimentos e posturas arrogantes, como o orgulho e o chamado "gênio forte", já não cabem mais em nós.

Há pessoas que entregam suas vidas a Jesus, mas teimam no *complexo de Gabriela*: "Eu nasci assim, eu cresci assim, eu sou mesmo assim, vou ser sempre assim...". Não esqueça que quando entregamos nossa vida para Ele, ela não pertence mais a nós – Ele faz como quer, do jeito que quer, quando bem quer. Dizemos tanto que o Senhor é nosso Deus, mas ainda vivemos o dilema de não fazer o bem que queremos fazer – esse conflito interior, só o Senhor pode pôr fim mediante o processo de mudanças, de transformação, de aperfeiçoamento.

Se você reconhece a existência de atitudes e comportamentos reprováveis em seu interior, que desagradam a Deus, que não O glorificam, confesse e se permita ser trabalhada e transformada por Ele.

Os Pensamentos de Deus sobre você

por Priscila Camargo

"Porque eu bem sei os pensamentos que tenho a vosso respeito, diz o Senhor; pensamentos de paz, e não de mal, para vos dar o fim que esperais." Jeremias 29:11

Esse versículo é um dos meus preferidos. Por mais que no contexto histórico essas palavras tenham sido ditas para os israelitas exilados na Babilônia, consigo imaginar o Senhor as dizendo para mim.

Ele é o Rei de todos aqueles que O reconhecem como Senhor, um Pai amoroso que cuida e deseja o melhor para os Seus filhos, um Deus que deseja ter um relacionamento com Seus servos a ponto de chamá-los de amigos. Agora, releia o versículo e ouça a voz de Jesus dizendo essas palavras a você.

Os pensamentos Dele a seu respeito são de paz, e não de mal. Tenha a certeza e confiança de que esse Senhor quer o bem para sua vida, mesmo quando tudo parecer contrário, mesmo que as circunstâncias que esteja vivendo não pareçam nada boas, mesmo que os problemas pelos quais está passando pareçam grandes demais, mesmo que não esteja enxergando uma luz no fim do túnel... Ele ainda deseja o seu bem e completa paz para sua vida.

"E sabemos que todas as coisas contribuem juntamente para o bem daqueles que amam a Deus, daqueles que são chamados segundo o seu propósito." Romanos. 8:28. Tenha fé de que Deus está no controle de tudo em sua vida, Ele tem os melhores pensamentos com relação a você, Ele te ama e só te quer bem.

Acredite e confie nas promessas do Senhor!

Tempo para todas as coisas

26 de Março

por Priscila Aguilar Ribeiro

"Para tudo há uma ocasião certa; há um tempo certo para cada propósito debaixo do céu:" Eclesiastes 3:1

Lembro-me de uma situação que aconteceu esses dias. Eu e minha mãe visitamos uma amiga, que hoje está com dois filhos gêmeos de um ano e meio e uma bebê de dois meses.Claro que ela já não encontra tempo para mais nada, apenas para cuidar dos seus filhos.

Enquanto conversávamos, senti de dizer o quanto o Pai a aprovava nesse tempo que ela está vivendo. Disse a ela que cuidar da família é ajudar a Deus em um dos seus projetos mais importantes e que por isso poderia contar com ajuda Dele.

Ela comentou comigo que uma semana antes, enquanto amamentava sua filha, começou a questionar a Deus se era certo ela estar ali, apenas amamentando sua filha enquanto todos podiam ir para a igreja e adorar e servir ao Senhor.

Quando ela estava terminando de dizer, minha mãe começou a cantar uma música cuja letra dizia... "Em seu tempo, tudo lindo, tu fazes em seu tempo."

Então ela começou a chorar e disse que no dia que teve essa conversa com Deus, também havia cantado essa música.

Às vezes fica difícil entender os tempos e as estações, mas precisamos nos lembrar sempre que as estações mudam e que há tempo para todas as coisas debaixo do céu.

Deus tem um propósito sobre todas as coisas

"'Meus pensamentos são muito diferentes dos seus', diz o SENHOR, 'e meus caminhos vão muito além de seus caminhos. Pois, assim como os céus são mais altos que a terra, meus caminhos são mais altos que seus caminhos, e meus pensamentos, mais altos que seus pensamentos.'"
Isaías 55:8-9 (NVT)

Deus faz todas as coisas de acordo com o Seu plano perfeito, e esse plano não pode ser frustrado. Os propósitos de Deus foram estabelecidos na eternidade e o nosso Deus não é um Deus de improvisos. Malaquias 3:16 diz: *"... havia um memorial escrito diante dele..."*, ou seja, Deus tem o livro da história da humanidade em Suas mãos; tudo está escrito, traçado e projetado por Ele.

Às vezes, sentimos medo com tudo que tem acontecido ao nosso redor: o mundo está em guerra, a violência cresce assustadoramente, as famílias sendo dia após dia desconstruídas. Às vezes, choramos porque temos medo do futuro, mas, ainda que todas essas coisas aconteçam, Deus tem as rédeas da humanidade em Suas mãos, Ele está no controle. Tudo que tem acontecido é um sinal de que a história caminha para uma consumação gloriosa!

Deus está trabalhando, Ele dirige a história e dá sentido à nossa vida, não temos o que temer. A nossa vida está incluída nesse propósito. Você, que ama a Deus, tem a sua vida guardada por Aquele que mantem as rédeas do universo sob controle. *"Àquele que está sentado no trono, e ao Cordeiro, seja o louvor, e a honra, e a glória, e o domínio pelos séculos dos séculos."* Apocalipse. 5:13

Use a sabedoria do alto em benefício próprio

A Sabedoria, porém, lá do alto é, primeiramente, pura; depois, pacífica, indulgente, tratável, plena de misericórdia e de bons frutos, imparcial, sem fingimento. Tiago 3:17

A o longo da nossa vida procuramos obter conhecimento através de livros, cursos, pesquisas, etc. Cremos que isso nos tornará sábias, mas vemos por esse versículo que a sabedoria terrena não basta; precisamos da sabedoria lá do alto.

Quando fazemos uso apenas da nossa própria sabedoria, no decorrer da nossa caminhada acumulamos bagagens e não nos libertamos de dores e traumas que guardamos dentro do nosso coração, não deixamos as coisas velhas para trás, para que tudo se faça novo e assim nos tornemos puras e limpas.

Sem nos libertarmos dos nossos traumas, sem liberarmos perdão, sem enxergarmos o nosso valor diante de Cristo e se estivermos com o coração cheio de culpa e sem entender a importância de cuidar de nós mesmas, não poderemos ser pacíficas e nos tornarmos a mulher sábia que edifica a casa; por não aplicarmos a sabedoria em nós, também não poderemos utilizá-la no relacionamento com o próximo.

Ser indulgente parece algo que está bem distante de nós. Não podemos nos esquecer que tudo aquilo que nos chateia, que nos impede de sermos nós mesmas, que nos impede de prosseguir, pode ser tratado porque temos Deus que é misericordioso e abundante em graça para com cada uma de nós. Quando entendermos isso estaremos prontas para dar bons frutos, sermos imparciais e agirmos com sinceridade.

Busque a sabedoria do alto pois ela trará cura interior, e mudará nossa jeito de ser, de pensar e de agir.

Vinde a Mim

*"Vinde a mim, todos os que estais cansados e oprimidos,
e eu vos aliviarei". Mateus 11:28*

É sobrenatural saber que temos um Deus que cuida de nós, que alivia os nossos fardos e traz descanso para nossa alma. Essa passagem bíblica não nos fala de um cansaço físico, mas espiritual. Quantas pessoas se encontram com o espírito abatido pelas lutas da vida? Quantos cristãos estão vivendo esperando uma intervenção do céu, mas sem esperança no Criador?

Sem sombra de dúvidas o cansaço espiritual é o mais pesado e temos inúmeros exemplos que um espírito vigoroso e com fé alimenta um corpo abatido, mas não o contrário. A nossa alma tem sede do Deus vivo, da esperança de dias melhores, de alegria e paz; e é exatamente isso que o Senhor nos garante. Ele não é homem para que minta ou se arrependa. Não se culpe por não estar todos os dias forte e no ápice da fé; lembre-se que o poder do Senhor se aperfeiçoa na nossa fraqueza.

Você pode se sentir abatido, incompreendido e como se estivesse carregando o mundo nas costas. Te convido a entregar esse cansaço para o Senhor. Ele não promete apenas nos aliviar; Ele toma nosso fardo e nos oferece um fardo leve e suave; podemos aprender Dele porque Ele é manso e humilde de coração; imagine o descanso que você terá ao fazer isso!

A Palavra deixa claro que todos podem vir ao Senhor. Não se diminua pelo que aconteceu na sua vida, não se menospreze; creia Naquele que quer – e vai - aliviar seu fardo.

"Sede, pois, irmãos, pacientes até à vinda do Senhor. Eis que o lavrador espera o precioso fruto da terra, aguardando-o com paciência, até que receba a chuva temporã e serôdia. Sede vós também pacientes, fortalecei os vossos corações; porque já a vinda do Senhor está próxima." Tiago 5:7, 8

A paciência é uma virtude bem difícil de ser exercida no tempo em que estamos vivendo. Ser paciente hoje em dia é estar fora dos padrões. Em um mundo onde tudo é corrido e as horas estão voando e já não temos tempo para nada, estamos nos tornando cada dia mais impacientes.

Estamos impacientes com tudo e com todos e queremos tudo para o *agora*. O texto de Tiago diz que o lavrador *espera* o precioso fruto da terra *com paciência*. Não há proveito em querer apressar o processo de crescimento e amadurecimento do fruto; ele precisa esperar.

Deus deseja que sejamos mais pacientes com o nosso tempo de espera e que fortaleçamos nossos corações enquanto esperamos pacientemente pelo cumprimento de Suas promessas.

Sabemos que é muito difícil esperar. Basta um tempinho em pé na fila do banco, do supermercado ou um tempo extra ao telefone com a atendente, para nossa paciência ir para o brejo. Imagina quando falamos de promessas, daquelas que ouvimos anos atrás e ainda hoje não vimos o cumprimento delas!

Quando trabalhamos muito, ficamos esperando por resultados, vamos sendo dominadas pela impaciência. Precisamos aprender a esperar sem perdermos o controle. Isso não quer dizer que devamos sentar ou deitar e esperar as coisas caírem do céu; quer dizer que se você plantou, regou e podou, o que te resta é esperar. Deus vai fazer frutificar no tempo certo.

Tu tens as palavras de vida eterna!

"... Senhor, para quem iremos nós? Tu tens as palavras da vida eterna." João 6:38

A Bíblia diz no Salmo 90:9, que a nossa vida é como um breve pensamento. A nossa vida aqui nesta Terra em breve chegará ao fim e nós nos depararemos com a vida eterna, e a vida que vivemos aqui neste tempo presente definirá a nossa eternidade.

Romanos 2:6 diz que: *"Deus retribuirá a cada um segundo o seu procedimento"*. Não há nada que você possa fazer para mudar o seu destino depois da morte; hoje é o dia oportuno, hoje é o dia da salvação.

Pedro tomou a decisão certa quando disse a Jesus: *"Senhor, para onde iremos nós? Só tu tens as palavras de vida eterna"*! Para onde iremos nós? A decisão de seguir a Jesus é pessoal. Nenhuma religião poderá nos salvar, nenhuma liturgia ou dogma poderá nos dar a vida eterna. A salvação está única e exclusivamente em Jesus. O apóstolo Pedro disse: *"E não há salvação em nenhum outro; porque debaixo do céu não existe nenhum outro nome, dado entre os homens, pelo qual importa que sejamos salvos." Atos. 4:12*

Jesus é o único que pode nos dar a salvação e nos dar garantia de vida eterna. Ele veio para triunfar sobre o pecado. A Bíblia diz que: *"Ele foi moído e traspassado pelas nossas transgressões"*. Ele se tornou o nosso substituto, Ele se fez pecado por nós. Aleluia!

E você, o que tem feito pela sua alma? Você está preparado para encontrar-se com Deus? Creia em Jesus e terás a vida eterna!

Um dia de cada vez

01 de Abril
por Alessandra Porto

"Cada manhã todos recolhiam quanto precisavam, pois, quando o sol esquentava, aquilo se derretia." Êxodo 16:21

Quantas vezes já ouvimos, já lemos, já fomos aconselhados a viver um dia de cada vez? Seguindo o conselho da Palavra de Deus, nossos olhos devem ser abertos e devemos nos esforçar a entender que todos os dias as misericórdias se renovam e foram liberadas sobre nós para vivermos a porção daquele dia, não nos preocuparmos ou gastarmos tempo e energia com o dia que virá, pois não nos pertence, e nem sofrer e perder o hoje com um passado que, literalmente, já passou.

Para viver essa experiência, precisamos de muita consciência e coragem. Sou agraciada a cada dia por viver próxima de pessoas que me ensinam a escrever a minha história com mais realidade. Tenho caminhado com pessoas acometidas de grandes males e que vivem com um diagnóstico que luta para definir a sua finitude, mas olhando para elas posso ver a eternidade brilhando em cada uma das histórias, pois acordam todos os dias agradecendo por mais uma possibilidade de viver um dia glorioso, de construir mais um dia de suas histórias, gerando legado e construindo bases sólidas para seus filhos e famílias.

Inspiro-me nessas pessoas e passo então a entender que todos os meus dias são uma oportunidade de viver uma vida completa, sem o aconselhamento de uma vida cheia de ativismo. Não é isso; é desfrutar do maná, do alimento daquele dia como sendo o último.

Opte por ouvir a Deus, escolha viver dos Seus conselhos e com certeza a vida será muito mais prazerosa.

Prepare uma mesa

"E sobre a mesa porás o pão da proposição perante minha face perpetuamente." Êxodo 25:30

Deus ordenou a Moisés que construísse um santuário, um tabernáculo para que Sua Presença ali permanecesse. Moisés deveria fazer uma mesa de madeira de acácia e colocar o pão da presença sobre ela. Nessa mesa, os sacerdotes iniciavam o processo de purificação. O propósito de Deus sempre foi relacionamento e em tempos de pandemia, a mensagem "estar em casa" pode sugerir uma estratégia de Deus para resgate dos relacionamentos familiares. Deus toma a crise para revelar Seus propósitos redentores e nos abençoar.

A mesa não é apenas um objeto da casa, mas um lugar de fortalecimento, um altar preparado por nós para atrair a Presença de Deus, convidando Jesus (Pão da Proposição) para sentar-se ali e produzir restauração e cura dentro dos lares. Ele é o Sacerdote que nos purifica. Não estamos descrevendo uma luxuosa decoração com pratarias, mas o prazer em servir as refeições ou um simples lanche em um espaço aconchegante, preparado com o que temos, e com amor podemos criar uma linda mesa! Pequenos esforços conferem dignidade e honra aos presentes. Pronto, está criado um ambiente propício para comunhão.

Prepare hoje uma mesa, coloque os melhores utensílios, cozinhe as melhores receitas, convide alguém para esse altar. Neste mundo frenético, as refeições podem ser a única oportunidade de compartilhar momentos preciosos. Torne isto um hábito diário, ou ao menos semanal. Pequenas atitudes geram grandes resultados. Profetizamos que haverá cura nos corações de filhos e pais, casamentos serão restabelecidos, uma chama de amor se acenderá e o perdão será liberado aos corações.

Final de Sucesso

"Portanto, considerem atentamente como vocês estão ouvindo. A quem tiver, mais lhe será dado; de quem não tiver, até o que pensa que tem lhe será tirado." Lucas 8:18

Esse texto expressa um dos princípios da gratidão. É sobre o que fazemos com a dádiva da vida. A Palavra de vida e paz que está sobre os que creem é a mesma para aqueles que não a conhecem, apenas sobrevivem.

Posso afirmar que aqueles que recebem a Palavra e vivem conforme o desejo de Deus vão desfrutar mais do que aqueles que não seguem os mesmos princípios. Não existe vida perfeita, todos temos desafios. Porém, qual será a nossa escolha? Agradecer o desafio que se apresenta hoje (já que para cada dia basta o seu mal) ou reclamar? Reclamação cria escassez. Gratidão gera abundância e prosperidade.

A parábola diz que as sementes que caíram entre espinhos são os que ouvem (a Palavra de Deus), mas, ao seguirem seu caminho, são sufocados pelas preocupações, pelas riquezas e pelos prazeres desta vida e não amadurecem. Mas as que caíram em boa terra são os que, com coração bom e generoso, ouvem a Palavra, a retêm e dão fruto com perseverança.

A perseverança é o que o levará a ser grato todos os dias da sua existência e por todas as coisas. Busque um olhar da perspectiva mais alta e desprendida da situação. Busque enxergar pela ótica de Deus, que tem o caminho mais alto, a boa, perfeita e agradável vontade. Quanto mais você agradecer a Ele, mais o seu coração se encherá de alegria. Confie e agradeça.

O Testemunho, nossa maior pregação

04 de Abril
por Bruna Pisani

"Portai-vos de modo que não deis escândalo nem aos judeus, nem aos gregos, nem à igreja de Deus." I Coríntios 10:32

O apóstolo Paulo, nesse capítulo, adverte a igreja de Corinto sobre a liberdade e a importância da conduta cristã. O foco da Palavra está relacionado com costumes daquela época, sobre alimentos puros e impuros, que, de qualquer forma, traziam alguns escândalos na época. Hoje, vivemos numa geração de costumes diferentes, alguns hábitos se perderam ao longo do tempo, porém o que não perde sua importância na caminhada cristã é o nosso testemunho.

Certa vez ouvi uma pregação do Bispo Ivo Mariano, na qual ele disse: *"Pregue sempre, fale quando necessário"*. Fiquei impactada com a profundidade dessa frase. Quantas vezes nos preocupamos com a nossa fala, nossa oratória, retórica, dentre outros recursos de um bom discurso — não desmerecendo todas essas ferramentas —, que não servirão para nada se não forem acompanhadas de um bom testemunho, das ações que pregam, da conduta e reputação.

Existe um estudo que explica a nossa comunicação "não verbal". Nele, temos a porcentagem do que comunicamos às pessoas: 93% da nossa comunicação se dá quando não dizemos uma palavra, apenas pela nossa imagem e gestual; os outros 7% falam sobre seu conteúdo. Ou seja, até alguém entender o que você sabe sobre Bíblia, suas ações já comunicaram isso. Forte, não é mesmo? No episódio em que Pedro nega a Jesus, ele foi reconhecido através da imagem. Ele representava Cristo. Quando Paulo fala para Corinto: *"Sede meus imitadores, como também eu, de Cristo." (I Coríntios 11:1)*, ele os exorta a viver uma vida de testemunho. Ações falam mais que palavras!

Sem Medo

por Cris Paes Leme

05 de Abril

"O verdadeiro amor lança fora o medo." I João 4:18

Medo não tem idade. Medo não tem classe social. Medo não acontece por falta de crença. O crente e o ateu, ambos lutam contra os seus medos. Medo não tem a ver com patentes ou títulos. O monge, o pastor, o rabino, todos lutam contra seus medos. O nascituro se sente inseguro longe do calor materno. Um movimento mais brusco, um ruído mais intenso já o deixa em estado de alerta; há em sua memória o registro do bom lugar seguro e confortável no útero materno. Já o adulto sente o medo que foi gerado em um trauma, um susto, em uma ameaça. A lembrança da experiência negativa revisita a mente e desencadeia emoções de medo e ansiedade. As lembranças parecem não ser apagáveis, mas as emoções são ajustáveis e os medos, enfraquecidos e controlados.

Medos são pouco explicados, mas intensamente sentidos. Medo de viver. Medo de morrer. Medos engessam sonhos. Medos cortinam horizontes. Medos roubam prazeres e contentamentos. A solução para o medo é o amor. O amor de Deus governa. Seu Reino de amor deporta o medo. O amor de Deus promove a paz em mentes conflituosas. O medo isola. O amor inclui. O medo desconfia. O amor chama para entranháveis afetos. O amor resolve medos. O amor revolve temores. Medo é joio. Amor é trigo. O medo rouba o melhor da terra. O amor, como o trigo, preza o valor do cultivo. O medo sempre é ilusão e confusão. O Amor é perfeito em si mesmo. *"Agora, pois, permanecem a fé, a esperança e o amor: o maior destes é o amor."* (I Coríntios 13:13).

Em Quem confiar?

"Em Deus tenho posto a minha confiança; não temerei o que me possa fazer o homem." Salmos 56:11

Confiança é a base de todo relacionamento. Também dizem que o teste verdadeiro em relação à confiança é compartilharmos nossos medos interiores, segredos e fracassos. A ideia aqui é tentar fazer você perceber que buscamos geralmente o que é perfeito naquilo que é, por natureza, imperfeito. Ou seja, o homem luta para confiar e ter a confiança das pessoas que compõem seu ciclo de vida em suas respectivas áreas, e acaba se decepcionando e perdendo a confiança nos outros e muitas vezes em si mesmo. Tudo isso porque depositou suas expectativas nesses relacionamentos, os quais não foram capazes de suprir tais necessidades.

A base humana sempre será a troca, o toma lá, dá cá; o interesse. Davi estava sendo ameaçado pelo homem, então não dava para confiar que o homem o salvaria. Assim é em nossas vidas: nós revelamos nosso pior lado, nossas limitações para o homem, que não sabe o que fazer com tanta informação, e fugimos Daquele que nos amou primeiro, conhecendo até mesmo os erros que ainda cometeremos.

Então pergunto: você quer estabelecer um relacionamento de confiança em sua vida? Submeta todas as áreas dela a Deus, que não falha em Sua fidelidade, e Ele submeterá todas as coisas que você necessita à vontade Dele.

Confiar em Deus nos permite experimentar o amor Dele, que é incondicional, não mais necessitando de buscar no coração humano aquilo que só o Divino proporciona. O homem que entende isso supera toda e qualquer situação, confiando que dela sairá ileso.

Vivendo no centro da vontade de Deus

07 de Abril

por Ellen Cristina

"O verdadeiro amor lança fora o medo." I João 4:18

Como estudiosa das leis e procedimentos jurídicos, pude presenciar diversas audiências nos tribunais do Brasil. Uma das principais características da justiça brasileira é a oportunidade de realizar uma petição a um juiz neutro e imparcial para questionar uma demanda ou situação controversa. Sempre ouvia na faculdade: "O direito não socorre os que dormem". Os professores queriam com isso indicar que, se não houver petição ao juiz, uma causa não poderia ser apreciada ou julgada por ele. Por vezes em nossa vida cristã, queremos ser ouvidos, receber direcionamentos e respostas, mas simplesmente não nos atemos em entrar na presença de Deus para buscá-lO realmente e Lhe apresentar as nossas petições.

No plano espiritual, também existem formas. *"Se pedirmos alguma coisa, Deus nos ouve"*, mas *"se pedirmos alguma coisa, segundo a Sua vontade, Deus nos ouve"*. Portanto, para a nossa oração ser ouvida é necessário que estejamos alinhados com a vontade de Deus, que é como Romanos 12:2 nos diz: "boa, agradável e perfeita".

Agora, para conhecer a vontade de alguém, temos primeiro que fazer esta conhecida a nós de alguma forma. Da mesma forma, para conhecer a vontade de Deus, Ele tem que revelar para nós, seja através da Bíblia, Sua Palavra escrita, ou através do Espírito Santo, que Ele nos deu quando nascemos de novo.

Reserve em sua rotina diária um tempo para conhecer tudo o que Deus tem reservado para você. Existem segredos que Ele quer lhe apresentar, estratégias que quer lhe ensinar, sonhos que Ele quer realizar. Faça essa experiência: oração, leitura da Palavra, adoração, santidade, intimidade, relacionamento com Deus... Sem dúvidas, será um novo tempo para você.

Quebranta-nos, Senhor!

"Só ele cura os de coração quebrantado e cuida das suas feridas."
Salmos 147:3

A tendência que temos é de culpar tudo e todos, menos a nós mesmos por reagirmos de forma errada a situações nas quais fomos feridos. Isso só nos afasta de Deus. Precisamos enfrentar com coragem e fé as nossas dores e perdoar quem nos feriu. Paulo exorta os coríntios a enfrentarem os problemas deixando de ser meninos (I Coríntios 13:11). Precisamos crescer, mas também amadurecer. Para sermos curados é preciso reconhecer diante de Deus o nosso pecado, para sermos limpos, perdoados e enviados por Ele (Isaías 6:1-8), assim como fez Isaías. Precisamos admitir que estamos feridos e que fizemos nossas escolhas baseadas nas feridas da nossa alma. Deus quer a circuncisão do coração, um verdadeiro quebrantamento.

Precisamos reconhecer a responsabilidade sobre nossas escolhas e pecados, ter quebrantamento de coração, assumindo diante de Deus a responsabilidade por cada uma de nossas escolhas e pecados. É necessário lidar com nossos pecados, traumas, culpas, vergonhas, desvios, rejeições, memórias dolorosas, feridas não cicatrizadas e sentimentos não resolvidos.

Deus não tem inocente como culpado, nem o culpado como inocente (Naum 1:3). Deus tem a cura para as feridas, o perdão para os pecados. Precisamos fazer a restauração da maneira correta, da maneira de Deus. Todo caminho que despreza o quebrantamento e a humildade é um desvio de rota, uma armadilha que acabamos construindo para nós mesmos. Nunca seremos perfeitos, então precisamos ser ao menos quebrantados.

"A melhor oração que eu já orei tinha pecado suficiente para condenar o mundo inteiro" John Bunyan

O que te torna Feliz?

09 de Abril
por Flávia Dantas

"Alegrem-se sempre no Senhor, e novamente direi: Alegrem-se." Filipenses 4:4

A felicidade é leve e simples, e nos faz sentir bem. O que pesa em nossas vidas é aquilo que nos sufoca e nos faz sentir mal. Precisamos entender que, quando nos sentirmos pesados, devemos nos retirar daquilo que vem impedindo nosso avanço e crescimento.

Não tente controlar tudo; desapegar-se não quer dizer que você não se importa com as coisas e com as pessoas. É confiar que não adianta querermos muito uma coisa ou alguém, forçando para o conseguirmos a todo e qualquer custo.

Aprenda a manter a tranquilidade, sabendo que tudo acontecerá no momento certo. Seja feliz com você mesma e sorria de seus momentos. Saiba que Deus nos ensina e caminha ao nosso lado, mesmo que não consigamos enxergar.

A vida oferece lições valiosas que precisamos aprender. Não estamos aqui por acaso e apesar de tudo, a felicidade sempre será um novo caminho. Dê a oportunidade de se conhecer, busque dentro de você tudo aquilo que você é e as coisas que realmente importam. Silencie quando necessário, cerque-se da luz de Deus, sempre tenha amor no coração e deixe ir embora tudo aquilo que impede seu bem-estar e sua felicidade.

Viva o que há para viver, agradeça a Deus por permanecer viva. O que realmente importa é ser feliz!

Aprendendo a descansar em Deus

por Gabrielly Giovani

"Porque ainda que a figueira não floresça, (...) Todavia, me alegrarei no Senhor; exultarei no Deus da minha salvação. JEOVÁ, o Senhor, é a minha força, o qual faz meus pés como os das cervas e me faz andar nas alturas."
Habacuque 3:17, 18, 19b

Nesses anos na presença do Senhor, ouvi com muita frequência a frase: "Descansa no Senhor"; algo bonito de se ouvir, mas viver é um cenário um pouco diferente. Tudo estava bem na minha vida e família e achei que estava descansada. Tínhamos as lutas comuns. Até que passei por uma situação na qual teria que praticar o "descansar no Senhor".

Em 8 de novembro de 2016, recebi um telefonema no meio de uma madrugada chuvosa com uma notícia inesperada: meu filho, Gabriel, — o primogênito — fora detido. Minhas estruturas foram totalmente abaladas e o chão se abriu sob meus pés. Fiquei como em estado de choque. Depois de alguns minutos, voltei ao meu estado normal e junto com meu esposo me levantei e fomos à delegacia para ouvir os fatos e saber o que tínhamos que fazer.

Iniciamos uma jornada que não tínhamos vivido antes. Meu filho ficou preso por dois anos e me vi numa total dependência de Deus, passando por situações que jamais imaginei, como ir ao presídio visitá-lo. Aquilo era uma tortura para mim, mas teria que aprender a descansar no Senhor.

Na verdade, ninguém está preparado para o dia mau, e aquele foi um dos meus dias maus. Encontrei no profeta Habacuque a inspiração. Eu chorei, gritei, contestei igual ao profeta, até que cheguei no capítulo 3:17, 18 e 19 e isso foi um divisor de águas em minha vida.

Toda minha dúvida se transformou em fé e, como o profeta, eu aceitei e descansei, crendo que Deus estava – e está – no controle de tudo. Não que eu esteja alegre com tudo o que aconteceu (e que ainda acontece), pois ele continua detido, mas quero declarar, como o profeta, que a minha alegria e confiança estão apoiadas em Deus e essa confiança cresce à medida que passamos a conhecê-lO mais a cada dia. Portanto, minha irmã: ore e leia todos os dias as promessas Dele, alimente a esperança no seu coração até o ponto que ela se transforme numa certeza tal, que você possa dizer como Jó: *"Porque eu sei que o meu Redentor vive e por fim se levantará sobre a terra."* Jó 19:25. Descanse.

Resposta à afronta

"Davi, porém, disse ao filisteu: Tu vens a mim com espada, e com lança, e com escudo; porém eu venho a ti em nome do Senhor dos Exércitos, o Deus dos exércitos de Israel, a quem tens afrontado." 1 Samuel 17:45

Você já ouviu uma voz tentando te desanimar ou viveu uma circunstância que mostrava que não seria bem-sucedida? Você se sente pequena e parece que aquela pessoa ou, de modo figurativo, a situação olha para você de cima abaixo, dizendo que você não vai conseguir, não vai chegar, não vai conquistar e não vai sair dessa? Antes de qualquer pensamento ou iniciativa, você precisa saber que Jesus está à sua frente. Assim como Davi, aquele rapaz franzino que portava somente uma funda para atirar pedras, você também pode não ter muito em suas mãos e as circunstâncias podem estar te afrontando, mas quando nos levantamos sabendo que o Senhor dos Exércitos está à nossa frente, nada do que está ao nosso redor para nos desestabilizar prevalecerá.

Sim, seu adversário pode vir com espadas, lanças e escudo, mas você o enfrenta em nome do Senhor dos Exércitos (I Samuel. 17:45). Essa guerra que você está vivendo, seja ela interior ou física, não é sua. A Palavra nos ensina no versículo 47 que *"... do Senhor é a guerra"*. Davi tinha funda e pedras em suas mãos para derrubar um gigante; da mesma forma, o Senhor revelará para você as armas que serão necessárias para vencer. Não baixe sua cabeça, não volte atrás e não se sinta pequena ou incapaz. Se você está enfrentando um gigante é porque foi escolhida para essa luta. Quem vence uma batalha será recompensado.

Davi não tinha espada para lutar, mas tinha o General ao seu lado. O mesmo General está contigo. Lembre-se: essa guerra é do Senhor dos Exércitos, Jesus Cristo!

A palavra e seu poder

12 de Abril
por Juliana Moraes

"Você já viu alguém que se precipita no falar? Há mais esperança para o insensato que para ele." Provérbios 29:20

A palavra tem um poder imensurável e com ela podemos manter uma boa ou má comunicação. Mesmo quem não tem o dom da fala pode se comunicar por outros meios como, por exemplo, Libras. Quem não fala um determinado idioma pode estudar e aprender a se comunicar. Então posso garantir que para quem quer ter uma comunicação efetiva é primordial buscar caminhos para garantir que o outro possa entender aquilo que você estiver tentando transmitir. Palavras precisam ser coerentes com a mensagem que você quer transmitir, para que não haja duplo sentido ou sejam mal interpretadas.

As palavras marcam o coração de quem ouve e podem até travar destinos e levar pessoas a se retraírem, se esconderem dentro de si, ou positivamente alavancar sonhos, propósitos, etc. Que tipo de palavras você anda falando?

Quando o escritor de Provérbios diz que *"há mais esperança para o insensato do que para ele"*, ele nos traz um alerta muito grande sobre a importância de estudar e procurarmos escolher as palavras adequadamente. Pessoas não são objetos; são seres passíveis do erro, mas que são amadas por seu Criador. Quando lemos a biografia de Jesus nos evangelhos sinóticos percebemos que Ele não só veio nos trazer a salvação, mas nos ensinar a amar e a cuidar das pessoas, e quem neste mundo soube lidar mais com elas do que o Mestre? Provérbios 10:19 diz: *"quando são muitas as palavras, o pecado está presente, mas quem controla a língua é sensato"*. Desenvolver o domínio próprio, que, aliás, é um fruto do Espírito, não é fácil; requer busca, dedicação e foco. Tudo aquilo a que você se dedicar terá mais sucesso. Eclesiastes 3:1-8 fala muito bem sobre a importância do tempo. Dedicar tempo para aquilo que queremos alcançar é inegociável, pois não sabemos quanto tempo ainda nos resta nesta vida; portanto, use o tempo a seu favor e trabalhe em como você se comunica com as pessoas e isso lhe trará grandes benefícios.

O Senhor é o meu Pastor

"O Senhor é meu Pastor e nada me faltará" Salmos 23:1

Sempre me vi em conflito diante desse versículo... porque, se formos sinceros, muitas coisas nos faltam ao longo desta vida. Mulheres estéreis que não tiveram filhos. Um inocente que no tribunal não viu a justiça sendo feita. Uma criança cujos pais morreram na guerra. Uma oportunidade que não surgiu. Um companheiro para dividir a vida que nunca apareceu. O alimento que falta e a cada ano mata milhões. Falta muita coisa... e continuará faltando. Entendo que em tudo o que nos falta, Ele mesmo não nos faltará. O Senhor é o meu Pastor e ainda que algo me falte... Ele estará lá. Santo. Eterno. Perfeito. Justo. Suficiente. Quando tudo me faltar, Ele será tudo o que preciso. Quando todos me abandonarem, Ele estará comigo. E é na convicção desse amor que não falha que sigo confiando, mesmo quando muitas coisas me faltam.

"Ele faz deitar-me em pastos verdejantes", ainda que eu esteja no deserto. "Guia-me mansamente às águas tranquilas", mesmo na tempestade. "Guia-me pelas veredas da justiça", ainda que meus olhos só contemplem a injustiça. "Ainda que eu andasse no vale da sombra da morte, não temeria mal algum", porque Ele é a vida, e quem Nele crê, "ainda que esteja morto, viverá". "A sua vara e o seu cajado me consolam", mesmo quando não entendo as circunstâncias.

E é por isso que eu e você podemos descansar na certeza de que Sua bondade e misericórdia nos seguirão todos os dias da nossa vida, porque, quando tudo faltar, Ele não faltará.

Quando o amor me encontrou

"Nisto está o amor, não em que nós tenhamos amado a Deus, mas em que ele nos amou a nós, e enviou seu Filho para propiciação pelos nossos pecados." I João 4:10

Vivíamos aprisionados, amargurados e oprimidos. Éramos escravos do pecado e da morte eterna. Mas Deus, por tanto nos amar, entregou Seu único e amado Filho para morrer por nós naquela Cruz, levando sobre Ele toda dor, tristeza, todo fardo, pranto e todas as nossas mazelas, para que a alegria e a paz superabundassem em nossas vidas. Não existe amor maior e nenhum outro se compara ao Dele. *Graças sejam dadas ao Senhor por isso!*

Sendo assim, não fomos nós quem O encontramos, mas Ele nos achou. Mesmo sendo pecadores, infiéis e miseráveis, Deus viu em nós valor, e o preço que Ele pagou por nossa vida foi caro.

Quando o Amor nos encontra, somos atraídos e constrangidos porque compreendemos que vivemos debaixo do amor. Por isso, não O amaremos por mera obrigação, mas porque será uma reação natural. Não é preciso muito esforço para amá-lO quando reconhecemos o que Jesus fez e é para nós.

Quando o Amor nos encontra, somos transformados. O sentimento é inexplicável, e a mudança começa dentro de nós. Sentimos paz e uma felicidade que só quem conhece esse amor consegue sentir. Quando a mudança interior está completa, refletimos para quem está à nossa volta.

O Amor não desiste de nós. O sentimento humano é propício a falhas, mas o de Deus não muda, jamais falha. Não importa quem somos, ou o que fazemos, Ele não desiste de nós e permanece presente e fiel.

Onde está o seu coração?

"Porque, onde está o teu tesouro, aí estará também o teu coração."
Mateus 6:21

Tudo aquilo em que colocamos nosso coração se torna algo de grande valor para nós, algo que não conseguiríamos deixar de lado, aquilo pelo qual trabalharíamos e nos dedicaríamos completamente.

No contexto dessa passagem, Jesus estava dizendo aos Seus discípulos para que não acumulassem tesouros na Terra, mas para que ajuntassem tesouros nos Céus, porque as coisas deste mundo passam, acabam, mas as do Céu permanecem eternamente. Então Ele diz as palavras desse versículo, afirmando que tudo aquilo que é importante se torna um tesouro precioso, se torna o lugar onde está seu coração, se torna o seu foco.

Não permita que as coisas passageiras deste mundo se tornem mais importantes para você do que as coisas do Reino dos Céus. Que a eternidade seja seu maior tesouro, que tudo o que fizer neste dia e em todos os dias de sua vida seja pensando em agradar ao Rei.

Que suas atitudes honrem ao Senhor acima de tudo, que sua vida seja sempre para a glória Dele. Que o seu coração esteja Naquele que te tirou das trevas e te transportou para o Reino do Filho do Seu amor.

Somos todos mordomos

"O homem bom cuida bem de si mesmo, mas o cruel prejudica o seu corpo." Provérbios 11:17

Como mulheres, somos muito atarefadas e muitas vezes nos comprometemos com tarefas além do que somos capazes de realizar. Acabamos por cuidar de todos e de tudo, mas esquecemos de cuidar do nosso corpo.

Hoje temos muitas facilidades que nos levam a não precisar nos exercitar e também nos privam de uma boa alimentação.

Por muito tempo eu me achava uma pessoa sem tempo para nada e culpava a todos por isso, mas não entendia que a maior culpada era eu mesma; afinal, as decisões eram todas tomadas por mim.

Como daremos conta de cuidar de todos se não cuidamos de nós mesmas? Nossa saúde, não só do corpo, mas também da alma e do espírito nos levarão a sustentar outros no mesmo lugar.

Cuidar de nós mesmas é cuidar da casa do Espírito Santo, é valorizar o Pai como Autor da vida, é estarmos prontas para cumprir nosso propósito e completar a carreira que nos foi proposta.

Sua identidade em Cristo Jesus

"Mas, a todos quantos o receberam, deu-lhes o poder de serem feitos filhos de Deus, aos que creem no seu nome" João 1:12

Quando aceitamos a Jesus Cristo como nosso único e suficiente Salvador, nosso nome é escrito no Livro da Vida (Lucas 10:20), recebemos o Espírito Santo, que passa a morar em nós, e esse é um presente precioso de Deus para os Seus filhos (Romanos 5:5). Assim, recebemos uma nova identidade em Jesus Cristo, nos tornamos filhos de Deus e passamos a fazer parte do Seu Reino. Deus nos chama de:

- Geração eleita; Sacerdócio Real; Nação Santa; povo adquirido (I Pedro 2:9);
- Eleita antes da fundação do mundo (Efésios 1:4-5);
- Propriedade particular (Êxodo 19:5);
- Menina dos Seus olhos (Salmos 17:8);
- Valiosa (Mateus 10:29-31);
- Imagem e semelhança (Gênesis 26-27);
- Mais que vencedora (Romanos 8:37);
- Herdeira de Deus e coerdeira com Cristo (Romanos 8:17);
- Plantação do Senhor; árvore de justiça (Isaías 61:3);
- Templo do Espírito Santo (I Coríntios 6:19);
- Embaixadora de Jesus Cristo; representante de Deus na Terra (II Coríntios 5:20).

Somos transformadas em árvore frutífera de toda espécie, que crescerá em ambas as margens de um rio; suas folhas não murcharão e os seus frutos não cairão. Todo mês produzirá, porque a água vinda do santuário chega a ela. Seus frutos servirão de comida; suas folhas, de remédio, como está escrito em Ezequiel 47:12. É importante e fundamental saber quem somos em Deus, para olharmos e andarmos sem temer o que possa vir pela frente. Tome posse dessa nova identidade e ande de cabeça erguida, sabendo o quanto Deus te ama e te valoriza.

Nosso socorro vem do céu

"Levanto os meus olhos para os montes e pergunto: De onde me vem o socorro? O meu socorro vem do Senhor, que fez os céus e a terra. Ele não permitirá que você tropece; o seu protetor se manterá alerta, sim, o protetor de Israel não dormirá, ele está sempre alerta!" Salmos 121:1-4

Estamos vivendo um tempo em que as pessoas estão tomadas pelo medo, pela angústia, pela ansiedade, pelo pânico. Sim, todos esses sentimentos são reais e nos invadem sem pedir licença. Quando olhamos para toda essa situação, para todos os problemas que estão acontecendo à nossa volta durante esta pandemia, sentimos medo! Eu sei bem como é; nós somos humanos.

O salmista estava passando por momentos assim. Ele também estava com medo, por isso fez esta pergunta: "... de onde vem o meu socorro?". Foi uma pergunta cuja resposta ele já sabia e a confirmou: "o meu socorro vem do Senhor, que fez os céus e a terra".

Neste momento você pode perguntar: "Existe segurança neste mundo?". Em Deus, existe! Ele é maior que qualquer problema, que qualquer enfermidade, que qualquer pandemia. Ele é maior que todos os problemas e perigos e nada é mais poderoso que o nosso Deus. Por isso, nós podemos pôr toda a nossa confiança Nele, sabendo que só Ele tem poder para nos proteger e nos dar segurança.

O nosso Deus não dorme, não comete erros e Nele não há fraquezas. Ele abriu o mar vermelho, livrou Daniel na cova dos leões e Ele nos livrará de todos os temores!

Se você ama Jesus, você não precisa ter medo!

Transições

Certamente em alguma área da sua vida você está passando por uma transição ou um processo de mudança. A palavra *transição* significa passagem, mudança de lugar, um estado de coisas ou condições.

Sempre me considerei uma pessoa forte, proativa, que consegue raciocinar separando as coisas emocionais. Mas depois de algumas perdas importantes na minha vida, mudança de país, estar longe da minha família e amigos, a mudança drástica de rotina, somados à outras situações que me aconteceram, fui afetada por uma grande crise de ansiedade, chegando algumas vezes a ter ataques de pânico. Fiquei com minhas emoções abaladas, o que me trouxe doenças, e então a garota descrita acima se encontrou em uma guerra emocional muito forte, vivenciando conflitos e medos que me perseguiam.

Eu sabia lá no fundo que tudo que estava passando tinha a ver com os propósitos de Deus para mim; sabia e sentia que no mundo espiritual, a luta pela vida estava sendo grande entre os anjos e demônios e que somente *eu* poderia escolher o lado que venceria. Você pode estar lendo este texto e passando pelo mesmo processo ou algo pior, não se reconhecendo, lutando contra os seus temores e tentando vencer a guerra. Precisei sair da minha zona de conforto. Eu escolhi mudar de país, sonhei e corri atrás, mas não imaginei que junto com nossas malas viriam também as bagagens que estavam dentro de mim. Só quando fui confrontada entendi o propósito de Deus em tudo isso. Ele nunca nos dará uma provação que não consigamos suportar. Não deixe o inimigo dizer quem você é, pois ele é mentiroso. Se você precisar sair da sua zona de conforto, ou passar por todos os seus processos dentro dela, lembre-se sempre que Deus está contigo. Se necessário, busque ajuda de profissionais, procure um amigo, compartilhe com sua família. Não precisamos carregar fardos pesados sozinhos.

Ao declarar a minha cura e a solução dos meus problemas, tudo começou a mudar. Descobri que os processos são difíceis, mas eles terminam! O segredo para uma vida de vitória é estar aos pés do Senhor. Buscar a Palavra, declarar a Palavra, orar e louvar a Deus em todo tempo. Mesmo nos dias que nada vier à sua mente, apenas chore e peça socorro; pare e converse com seu melhor amigo, Jesus. A Bíblia tem todas as respostas que precisamos para colocar satanás no lugar dele, sarar as nossas feridas e ansiedades, preencher o nosso tempo e nos levar a lugares de paz e alegria (Is. 40:29-31; Mt. 26:36-46; I Pe. 5:6-7; Sl. 37:5; Pv. 16:9).

A Real Motivação

20 de Abril
por Sandy Bonifácio

"E tudo quanto fizerdes, fazei-o de todo o coração, como ao Senhor, e não aos homens." Colossenses 3:23

Nós somos cobradas e cobramos o tempo todo, e muitas vezes sem perceber. Todavia, a pior cobrança é aquela que você faz quando se olha no espelho. Sim, devemos nos cobrar para sermos melhores, mas fica o questionamento: qual é a motivação dessa cobrança?

Faça escolhas com o seu coração e dê um sentido e significado para elas. O fato de não verbalizarmos nossos sentimentos e emoções, ou mesmo as coisas que fazemos "por fazer", dá a ideia de que elas deixaram de existir.

Um exemplo bem prático e comum para você refletir: *Por que uma mãe deve ser cuidadosa e dedicada na criação do seu filho? Por quê?* Não sei qual a sua resposta, mas algumas pessoas responderiam: "Para que a família do meu esposo não me critique". Por que fazer *looks* "tal mãe, tal filha"? Para ganhar elogios e likes? Você não está errada, mas isso não deve ser sua principal motivação. O amor puro e simples, sem nada em troca (sejam elogios ou aprovação) deve ser a motivação. E o mesmo se aplica a outras questões da vida. Reflita sobre as motivações no seu comportamento. Você quer se vestir bem para *parecer* bem, ou para se *sentir* bem? Você quer emagrecer para ser aceita ou pela sua saúde? Qual a motivação?

Tudo isso é importante, mas não faça meramente por conveniência, mas movida por realização e propósito!

O poder da oração intercessória

21 de Abril
por Selma Cerqueira

"Disse o Senhor a Moisés: Tenho visto que este povo é um povo obstinado..." Êxodo 32:9-14

Conversando com minha mãe sobre algumas pessoas da minha família que estão desviadas da Casa de Deus e outras que não conhecem a Jesus (eles estão vivendo uma vida dissoluta e isso me incomoda muito), além de pessoas que estão ao nosso lado, sejam vizinhos, amigos, parentes, familiares, etc., me questionei sobre o que estou fazendo ou o que posso fazer com tudo que estou vendo e sentindo. Deus tinha lançado sobre o povo de Israel uma sentença de destruição pelos seus pecados. A ira de Deus se acendeu, pois eles tinham se corrompido em seus corações, fazendo um bezerro de ouro para adorá-lo, mesmo sabendo que o mandamento era: "somente ao teu Deus adorarás".

Nossos dias não são diferentes. Vivemos tempos difíceis e sinto que estamos nos últimos momentos na Terra e que Jesus está voltando. Moisés clamou a Deus e a resposta veio com misericórdia e bondade para com o povo. Com isso, aprendemos que há poder na intercessão.

Muitas vezes, não vemos resultado de imediato e temos a tendência de desanimar, mas não podemos desistir das pessoas que estão ao nosso redor. O inimigo das nossas almas age o tempo todo para que não tenhamos forças nem o desejo de orar, e nosso *eu* pende para a preguiça...

Queridas, a oração é uma arma poderosa que ultrapassa todos os limites e chega direto ao Trono da Graça. Temos acesso livre ao Pai e podemos viver na Terra assim como é no céu; a salvação virá se não desanimarmos.

Perdoar e o autoperdão

"Também o Espírito, semelhantemente, nos assiste em nossa fraqueza, porque não sabemos orar como convém, mas o mesmo Espírito intercede por nós sobremaneira, com gemidos inexprimíveis." Romanos 8:26

Todas nós somos frutos de uma história. Podemos ter sido acometidas de dores e traumas emocionais que podem ter efeitos devastadores por toda vida. Porém, como um bálsamo, essa Palavra nos garante que o Espírito Santo nos conhece no mais profundo e é Ele quem traz a cura e cicatriza feridas. Ele conhece e compreende nossas frustrações, nossas aflições e mágoas; assim como o sentimento de abandono e rejeição, geradores da ansiedade e depressão.

Ele sabe das emoções que acompanham nossas deformidades e enfermidades. Sabe o que é solidão, o que é ingratidão e o que é ter parte de si dilacerada. Jesus experimentou todo sofrimento como nós, quando somos rejeitadas, abusadas e abandonadas. Portanto, não devemos nos envergonhar de nossas mazelas, tampouco entender o sofrimento como falta de fé, mas apresentá-los no altar do Senhor.

Deus quer nos curar, porém temos nossa participação nesse processo. Primeiramente precisamos encarar o que nos causou o mal, para que nossa oração seja dirigida a esse favor. Depois, é imprescindível perdoar quem nos feriu, pois este igualmente foi ferido, reproduzindo emoções e comportamentos patológicos. Da mesma forma, temos que nos perdoar para nos permitir sermos perdoadas por Deus, e que então Seu Santo Espírito nos limpe de todas as feridas.

Convide o Espírito Santo de Deus a fazer parte do seu autoconfronto ao enfrentar suas dores e traumas. Apresente-os ao Pai e experimente o renovo em sua vida!

Quem ama, educa na pedagogia de Deus

No padrão do mundo, criamos nossos filhos em meio à pedagogia de homens, para que sejam como nós. Admiramos o que somos e desejamos que sigam nossas profissões e exemplos, daí nossos filhos, pessoas que convivem conosco também seguem esse mesmo modelo, num exercício de observação diária onde ações e atitudes são aprendidas mais que palavras ditas.

O lar é o laboratório de Deus. Podemos até considerar-nos verdadeiros adoradores na igreja, ao louvarmos e levantarmos nossas mãos, mas é no lar que os filhos estão sendo moldados, onde necessitam perceber a coerência de condutas desses verdadeiros adoradores dentro de suas quatro paredes, para podermos criá-los à imagem e semelhança de Deus.

Mas, como fazer isso? Como é possível? Não é fácil educar, mas quem ama, educa na pedagogia de Deus e esta traz Cristo como modelo. Na Palavra aprendemos pelo Seu exemplo. Cristo é o modelo dado por Deus a preço de sangue para nos ensinar. Somos Seus imitadores e aprendemos através de Seu exemplo, do Seu andar, de Sua caminhada e do negar-se a si mesmo em favor do outro. Mesmo sendo Deus, humilhou-se para ser o Cordeiro em nosso favor. Fez-se homem para nos reconectar com o Pai através do Seu sacrifício, da Sua morte de cruz e de Sua ressurreição, para nos dar uma vida plena. Foi modelo para os discípulos e é modelo para todos os cristãos de hoje e de sempre, que são chamados à responsabilidade de reproduzir o modelo para o resgate de todo aquele que não conhece a Jesus.

Minhas escolhas, meu destino

"E tudo quanto fizerdes, fazei-o de todo o coração, como ao Senhor, e não aos homens." Colossenses 3:23

Decisões estão presentes na nossa vida e no nosso dia a dia, são muito importantes e podem nos trazer resultados tanto positivos quanto negativos. Elas podem ser simples ou complexas, podem ser individuais ou a favor de outrem. Mas toda escolha tem seu grau de importância e consequências.

Levantar da cama em um horário determinado, escolher uma profissão que vai determinar meu futuro ou decidir formar uma família são escolhas desafiadoras. Enfim, sempre que escolhemos, queremos acertar com precisão, mas nem sempre isso acontece. Mesmo assim, as escolhas seguem tendo grande importância na nossa vida porque nos trazem aprendizado, conhecimento e a chance de acertarmos a nossa rota e fazermos melhor da próxima vez. Precisamos tirar a palavra "erro" do nosso vocabulário e substituí-la por aprendizado, porque erro nos remete à culpa, acusação e a Palavra nos diz que *Satanás é o acusador*. Jesus, por Sua vez, não age assim conosco. Na passagem da mulher pecadora, em João 8:11, Ele diz: *"Nem eu também te condeno; vai e não peques mais"*. Aquele que teria todo o direito de julgá-la e acusá-la, não o faz; ao contrário, Ele diz: *"Nem eu te condeno; vai e aprenda com isso e mude de vida, escolha novos caminhos"*.

Seja gentil com você mesma; ninguém acerta sem errar. Não tenha medo de escolher pelo risco de errar; perdas e ganhos fazem parte da vida. A escolha sempre será sua e elas sempre serão feitas baseadas em nossos valores. Ao escrever a história da sua vida, não deixe ninguém segurar a caneta.

A melhor escolha

"Não foram vocês que me escolheram; pelo contrário, fui Eu que os escolhi para que vão e deem fruto, e que esse fruto não se perca."
João 15:16a

As escolhas fazem parte da vida. Escolhemos se vamos viver ou se deixamos a vida. Muitas escolhas, no decorrer dos anos podem ser equivocadas e sem possibilidades de mudanças, gerando culpas e rancor. Outras escolhas não poderiam ter sido mais assertivas, gerando orgulho e alegria.

Quando lemos essa passagem, confirmamos a melhor escolha que pode existir. Saber que Deus, Criador dos céus e Terra, desde a eternidade nos escolheu, faz com que a vida tenha um *verdadeiro sentido*.

A vontade de Deus é boa e perfeita. Ele não só nos escolheu, como nos confiou um legado. Assim como os pais ensinam princípios e valores para seus filhos, desejando que eles guardem e pratiquem tais ensinamentos ao decorrer da vida, Deus nos confiou Sua Palavra e deseja que nós a coloquemos em prática, pois ela será como semente nos corações, será germinada e produzirá novos frutos.

Maravilhoso saber que somos participantes do Plano Eterno. Como é extraordinário realizar a vontade do nosso Pai Celeste!

Você pode ter feito escolhas das quais se arrependeu, mas Deus não se arrepende de ter escolhido você. Ele sabe de suas limitações, frustrações, mas sempre dá oportunidade para ser melhor em Sua presença, renovar sua mente no Seu propósito, aprender a ser uma semeadora em todo tempo. As escolhas da vida podem ser difíceis, mas a *escolha* de Deus encoraja, vitaliza, renova e muda a visão do horizontal para o vertical, ligada ao Pai que nos ama.

Adoração Incondicional

"Deus é Espírito, e importa que os que o adoram o adorem espírito e em verdade." João 4:24

Jesus está falando que espera dos Seus adoradores uma adoração verdadeira, sem máscara, com a motivação certa. Então, toda vez que leio esse texto de João, me vem à mente a história de Paulo e Silas relatada em Atos 16.

Olho para a atitude daqueles dois homens e me impressiona a forma intensa e incondicional de sua adoração a Deus. A Bíblia narra que eles estavam presos no cárcere interior, feridos, sangrando, depois te terem sido açoitados publicamente por fazer algo maravilhoso: libertar uma jovem de espíritos malignos. E é nesse cenário que esses dois servos de Deus, perto da meia noite, começam a orar e cantar, e o louvor deles tocou o coração de Deus.

Creio ser esta a adoração que Deus espera de nós: aquele louvor que sai dos lábios num momento de dor, de perdas e sofrimento. Quando não compreendemos as circunstâncias ao redor, mas continuamos a confiar no caráter de Deus e na Sua fidelidade para conosco como nosso Pai.

Paulo e Silas adoraram a Deus em meio ao sofrimento e o resultado foi pessoas libertas, portas abertas e conversão de vidas.

Amada, eu te desafio a adorar a Deus independentemente da aflição que você está atravessando. Sei que existem momentos difíceis, que não conseguimos compreender o que estamos vivendo e a vontade é de chorar, murmurar e às vezes questionarmos a Deus. Mas, como Paulo e Silas, adore a Deus na dificuldade. Adore pelo que Deus é, e não pelo que Ele faz, e logo os resultados virão. Vai valer a pena!

Fugir de Deus

"... para onde fugirei da tua face?" Salmos 139:7

Quando minha filha mais velha tinha apenas seis anos, ela se aproximou de mim enquanto eu lavava a louça e perguntou:

— Deus vê todo mundo?

Eu respondi com um "sim" e ela continuou:

— Ele está vendo a gente agora?

Novamente, dei uma resposta afirmativa. Ela ficou em silêncio, se afastou e eu continuei com o serviço, mas poucos segundos depois ouvi sua voz infantil me fazendo mais uma pergunta:

— E agora, Ele está me vendo?

Minha filha se escondeu debaixo da mesa. Eu ri e afirmei que mesmo assim, Deus a estava vendo. Expliquei que não dá para se esconder Dele.

Achei interessante. Ela pensou que estar debaixo de uma mesa talvez pudesse impedir a visão de Deus. Agiu assim por ser uma criança. Refleti sobre isso... Muitos adultos acham que dá para se esconder de Deus. O salmista perguntou como poderia fugir da face de Deus, e ele mesmo respondeu que era impossível. Para muitos, isso traz consolo, alegria e paz; mas para outros, pode trazer um sentimento de medo, receio e culpa, afinal, Deus tudo vê! Vê quando faço algo bom, mas também vê quando ajo de maneira errada. Você já fez algo que gostaria que ninguém soubesse? Já escondeu alguma coisa de alguém?

Você pode se esconder de todo mundo, mas de Deus, não! Leia o Salmo 139 e veja que Deus sabe até o nosso pensamento! Há livros, filmes e séries que mostram pessoas com o poder de ler mentes e isso impressiona, mas é só ficção. Deus lê mentes e isso é real!

Ame Agora

"Um novo mandamento vos dou: Que vos ameis uns aos outros; como eu vos amei a vós, que também vós uns aos outros vos ameis." João 13:34

Ouvimos falar de morte praticamente todos os dias do ano de 2020. Quer nos noticiários da TV, nas redes sociais ou mesmo pertinho de nós. Diariamente, muitas famílias ficaram enlutadas. Entes queridos perdidos em questão de horas, um amigo que morreu sozinho no hospital, sem ao menos poder ter a chance de se despedir dos familiares; tudo o que pôde ver foram os olhos de um médico ou enfermeiro que incansavelmente lutava para ajudá-lo. Nunca, em toda a minha vida, vi uma necessidade tão grande de amar *agora*.

Amar os pequenos detalhes: as risadas, os encontros, o estar junto, a gritaria das crianças, o esposo dentro de casa por vinte e quatro horas; a esposa falante, os adolescentes, os idosos, quem quer que seja; simplesmente amar. Amar inclusive aqueles que em algum momento não lhe fizeram o bem. Amar *agora*, e não depois.

Um questionamento surgiu na minha mente: por que fazemos homenagens nas redes sociais para entes queridos que partiram se não poderão ver? Por que não fazemos hoje, enquanto estão aqui pertinho, mesmo com todos os seus defeitos? Por que não colocamos na mesa para o jantar a melhor toalha? Por que não dizemos "eu te amo"? Por que não amamos com atitudes? Por que queremos demonstrar esse amor depois que eles partem? Por que não queremos ouvi-los *agora*, mesmo que as histórias sejam as mesmas?

Amar não é só para tempos de pandemia! Mantenha contato, abrace e cuide. Ame agora!

Sonhe os sonhos de Deus

"E disseram um ao outro: Eis lá vem o sonhador-mor!"
Gênesis 37:19

Quantas vezes não dividimos um sonho que foi gerado no coração de Deus para os nossos corações e tentaram abortar com zombaria, chacotas e incredulidade? Todavia, o nosso Deus continua transformando sonhos em realidade, assim como fez com José, que, invejado pelos irmãos, foi vendido, perseguido injustamente, abandonado, e viveu exatamente o que foi gerado em sonho por Deus.

Minha amada irmã: discirna com quem você tem compartilhado o que Deus está gerando; nem sempre a amiga ou a irmã biológica estão na mesma sintonia espiritual que você; o desdém às vezes é imaturidade na fé.

Aprenda a viver cada etapa da sua vida em rumo à realização. Todas as fases são importantes para o cumprimento da promessa, portanto, não se precipite. Mesmo quando o caminho for árduo, creia que tudo contribui. Fuja dos atalhos, siga a rota e mesmo que pareça longa, ela te prepara e te fortalece.

Deus está com você, assim como esteve com José. A presença Dele é real, embora não vista; a presença de Deus é constante, embora nem sempre sentida. Acredite!

Há um plano perfeito sendo traçado no céu para você no qual Deus está no controle. Ele já sabe o final da história, e o plano Dele é perfeito.

Com sol ou chuva

"Considerai como crescem os lírios do campo." Mateus 6:28

Há situações na vida que não estão no nosso controle. Sabemos que nossas habilidades nem sempre são suficientes e eficazes. Isso fica claro quando nos deparamos com o deserto, com o sol escaldante, com a aridez e com o frio que assola com a chegada da noite. Talvez você esteja atravessando um momento difícil e já utilizou todos os recursos disponíveis ao seu alcance para superar. Já esgotou todos os argumentos possíveis para explicar sua situação, e nada adiantou. Então chegou a hora de compreender que o Autor da vida pode mudar sua trajetória, assumir o controle da sua história.

Quem sabe você é uma daquelas pessoas que sempre teve o "controle" em suas mãos. Acredite, chegou o momento de perceber que Deus é o arquiteto e nós somos os operários. Ele comanda de forma magistral a sua história, quer seja nos dias de sol, chuva, flores, frio e ventos fortes. Depois que o sol se põe no ocaso, depois que a chuva passa, Ele continua se revelando através da exuberância da Sua criação. Sim, os lírios continuam crescendo nos campos. E só aqueles que passam pelos campos podem ver a beleza desses lírios em meio ao isolamento. Muitas vezes, somos levados ao campo para compreender que, com sol ou chuva, haverá lírios em lugares inesperados. A maioria prefere os picos das montanhas, uma oportunidade para ser visto no topo. Mas o Criador nos faz compreender que mesmo fora dos belos jardins, podemos desfrutar do perfume dos lírios, sim, no campo. Os lírios do campo surgem, estão por aí, belos, frondosos, independentemente de os homens notarem sua presença ou não. Em nosso contexto atual de profundo individualismo, de superestimação exagerada de nós mesmos, os lírios do campo nos trazem uma grandiosa lição: "nosso Pai Celestial cuida de nós". Sim, Ele cuida em dias de sol, de chuva; Ele é responsável pelo nosso crescimento em tempo de adversidades.

Os discípulos, distraídos pela ansiedade que ocupava o coração, puderam aprender uma preciosa lição com o Mestre: "Eu cuido dos lírios do campo, Eu cuido de vocês". Preocupar-se não adianta, o EU SOU é responsável pela sua história em dia de sol ou chuva... Descanse Nele. Apenas observe os feitos de Suas mãos.

Não se compare

"No dia em que Elcana oferecia o seu sacrifício, ele dava porções deste a Penina, sua mulher, e a todos os seus filhos e filhas. A Ana, porém, dava uma porção dobrada, porque ele a amava, mesmo que o Senhor a tivesse deixado estéril. Penina, sua rival, a provocava excessivamente para a irritar, porque o Senhor a tinha deixado sem filhos." I Samuel 1:4-6

Duas mulheres disputavam a atenção de um mesmo homem. Uma se achava melhor por ter filhos, a outra se achava inferior, mas era mais amada. Elas se viam como rivais. Uma pesquisa do Serviço Nacional de Saúde do Reino Unido apontou que nós, mulheres, tendemos a ser mais infelizes do que os homens, graças ao nosso alto senso de responsabilidade, que aumenta nosso nível de cobrança e perfeccionismo, deixando-nos sobrecarregadas e infelizes, tanto em casa quanto na vida profissional.

Ser mulher por si só já não é fácil! E ainda complicamos nos cobrando, querendo dar conta de tudo e, o pior, nos comparando.

Nós nos comparamos com quem está melhor do que nós, o que faz com que a gente se sinta ainda pior, mas também nos comparamos com aquelas que estão passando mais dificuldade, porque é confortável pensar: pelo menos eu não estou tão mal quanto ela. O fato é que a comparação é uma grande vilã para o nosso equilíbrio emocional.

Ana e Penina não eram felizes, se comparavam e viviam focadas no que não tinham. Você pode não ter muitas coisas, mas uma tem: o amor do Senhor. Você é amada! Foque nisso.

Improváveis Escolhidos

02 de Maio
por Ana Silva

"E Deus escolheu as coisas vis deste mundo, e as desprezíveis, e as que não são para aniquilar as que são;" I Coríntios 1:28

A Bíblia relata coisas extraordinárias e sobrenaturais que Deus realizou através de pessoas simples, que foram instrumentos poderosos nas mãos Dele. Davi servia seus irmãos no campo de batalha e pastoreava as ovelhas de seu pai. Samuel vai à casa de Jessé ungir aquele que Deus havia decretado como futuro rei de Israel e ali, diante de todos os filhos formosos de Jessé, Samuel foi advertido por Deus a não olhar a aparência. Chamaram a Davi, o menor da casa, e Samuel o ungiu. Não porque Davi estivesse pronto para esse lugar – ainda seria processado e perseguido até alcançar o trono.

Deus aproveita as fraquezas para Sua glória, aperfeiçoando o pequeno para algo sobrenatural, porque vê o coração e não despreza aquele que se dispõe a ser moldado como um vaso nas mãos do oleiro.

O olhar humano muitas vezes deprecia o que Deus chamou de rei e sacerdote; o homem vê o aparente, Deus vê o libertador e valente. Seu prazer está em escolher e transformar improváveis, por isso nos escolheu para estabelecer Seu Reino. Ele restaura seu casamento e te faz um restaurador de casais. Cura sua depressão, para você liberar deprimidos. Ele te abençoa para que você seja um abençoador! Ele faz em nós, e depois através de nós.

Os transformados crescem no conhecimento de Deus e quando percebem, estão em lugares e posições altos. Nenhum improvável permanece na sua fraqueza. A última palavra de Deus para sua vida é *transformação*.

Quem é você quando ninguém está vendo?

"Os meus ossos não te foram encobertos quando no oculto fui formado, e esmeradamente tecido nas profundezas da terra."
Salmos 139:15

Ao observar esse título podemos imaginar algo relacionado a pecados, iniquidades escondidas, algo que não faríamos na frente de outras pessoas. Porém, neste devocional somos confrontados a tratar questões sobre nossa identidade, reconhecimento de quem somos em Deus e através de Deus.

Ao olhar para dentro de si, já parou para pensar em quem você é? Consegue identificar suas forças? Como você se vê quando está sozinho, quando não ouve a opinião, sugestão ou rótulo de ninguém?

O Salmo 139 é uma oração de dependência, submissão e reconhecimento. Entender quem somos nos faz florescer, afinal, fomos criados para florescer nos jardins de Deus. Compreender qual nossa condição Nele, nossa limitação Nele e, por fim, nossa posição Nele; tudo vem Dele, por Ele e para Ele. E, independentemente de padrões e comparações, nos reconhecer como obra-prima do Criador de todas as coisas, como aqueles que foram tecidos nas profundezas da Terra. Que profundo isso!

Deus sonhou com a sua existência, você não é um acaso! As obras do Senhor são maravilhosas (Jó 5:9), e você é uma delas.

Que em você haja o reconhecimento e o encorajamento necessários para o avanço na obra do Senhor. O Senhor te vê quando ninguém está te vendo. Esquadrinha teu pensamento e coração. O valor que talvez não tenha recebido algum dia da sua vida, a rejeição sofrida, a dor reprimida, são todas curadas pela presença e soberania de Deus em você.

Óleo Prensado

"Mas vocês têm uma unção que procede do Santo e todos vocês têm conhecimento." 1 João 2:20

O desejo da maior parte dos cristãos que eu conheço é ter mais unção! A maioria deseja que, ao cantar, dançar, pregar, ensinar, servir, edificar ou qualquer outro trabalho no Reino, as pessoas sintam o bom perfume de Cristo de forma sobrenatural, principalmente se há frutos visíveis. Por isso valorizam a unção.

Mas é bom meditarmos que a unção, que é o óleo extraído, vem depois que acontece a prensa!

O lugar que Jesus mais orava se chamava "prensa do azeite", porque ninguém foi moído como nosso Mestre. As olivas também são colocadas sobre grandes pedras e dali sai o óleo, e são moídas e esmagadas de novo e de novo, para que se extraia todo o óleo.

Para sermos usadas, precisamos deixar que o Senhor prense nossa vida, para moldar o caráter de Cristo em nós. Não adianta pedir unção se não estivermos dispostas a suportar as pedras pesadas. Com o que o Senhor tem te moído, minha irmã?

Lembre-se que o processo vale a pena, porque Deus é glorificado no coração de quem cresce no processo e colhe frutos da unção.

Que tal tirar um tempo hoje para pedir fortaleza para passarmos pelo processo de prensa e que a unção na sua vida deixe, por onde você passar, o bom perfume de Cristo?

Os nãos

"Pois, tantas quantas forem as promessas de Deus, todas têm em Cristo o 'sim'. Por isso, por intermédio dele, o 'Amém' é proclamado por nós para a glória de Deus." II Coríntios 1:20

Existem "nãos".

Existem aqueles bem redondos, que ressoam aos ouvidos como um estrondo; provocam o medo que alicia e faz recuar.

Também existem aqueles "nãos" com uma conotação ácida, que tentam relativizar e corroer nossa força.

Alguns "nãos" parecem hienas a nos rodear como presas, e com gritos insistentes desdenham da nossa fé.

Existe o "não" que é porta fechada diante de nossa especial motivação.

Existe o "não" da omissão, quando alguém se desobriga do SIM; o sim que seria fogo para o carvão! Luz para um cultivo.

Existem "nãos" que banalizam o nosso dom. E dizem: isto aí qualquer um faz!

E o que dizer sobre o "não" que é gelo, que esfria o desejo e zera a coragem de abrirmos as asas e partirmos para o voo?

O que dizer?

Para todos esses NÃOS, existe um suficiente SIM na história! Um SIM, não em letras escrito, mas grafado com um gesto bendito de amor incondicional!

Um SIM em cor carmesim. Como o sangue do Cordeiro Jesus, que fez do madeiro testemunha verdadeira que o "NÃO" é pura ficção!

O SIM eterno de Cristo é mais que puro advérbio, é VERBO em milagrosa ação!

Palavra que, por fé, traz a existência. Faz explodir o gênesis diante de toda a negativa do vazio.

O SIM é VERBO que impulsiona a vida diante dos desafios dos "nãos".

SIM é a verdade, é contraste e contramão da mentira do NÃO.

Você tem Valor

*"No princípio criou Deus o céu e a terra.
E a terra era sem forma e vazia."* Gênesis 1:1-2a

Como criacionistas, acreditamos que tudo que existe foi criado por Deus. Ele criou o céu, a Terra, os seres vivos, os anjos e a humanidade. E toda a Sua obra foi boa e perfeita.

Mas antes que houvesse Sua criação, nota-se que a Terra era sem forma e vazia, e partir daí inicia a obra criativa do Criador.

É assim em nossas vidas; às vezes estamos vazias e deformadas pelo pecado, pela dor, pela trajetória ruim da vida. Mas Deus continua tendo um olhar para aquilo que não parece "nada" e gerando vida, como está escrito em I Coríntios 1:27-29: *"Mas Deus escolheu as coisas loucas deste mundo para confundir as sábias; e Deus escolheu as coisas fracas deste mundo para confundir as fortes;".*

É dentro das suas deficiências que Deus vai agir e esculpir uma linda obra; você tem valor! Não resista, entregue-se a Jesus neste dia, abra seu coração e deixe Ele assumir por completo a direção da sua vida.

Os pensamentos de Deus a seu respeito são de paz, e não de mal. Então *invoca*, ou seja, clame em oração o desejo de tê-lO, renuncie os desejos gerados pela carne e busque o que vem do Espírito (Gálatas. 5:16). Viva como filha da luz, não tenha medo do seu chamado, medite na Palavra com fé e confiança.

Ansiedade

07 de Maio

por Denise Mariano

"*E Maria escolheu a boa parte, a qual não lhe será tirada.*"
Lucas 10:42

Ansiedade é uma das palavras mais comentadas desde o último ano devido à pandemia causada pela Covid-19. Existe a ansiedade generalizada e a com crise de pânico. Os sintomas variam, dentre eles: irritabilidade, nervoso, ritmo cardíaco acelerado e muito mais. Cometemos o erro de dizer que a doença é deste século, mas nos salmos de Davi ele já relata tais sensações.

O exemplo que quero usar é o de Marta, quando recebeu Jesus em sua casa (Lucas 10:38). Ela se irritou ao ver a irmã aos pés de Jesus, quando os serviços da casa estavam ainda para ser executados. Como resposta à indagação dela, Jesus respondeu dizendo que ela estava ansiosa e preocupada com muitas coisas, porém uma só era necessária e Maria tinha escolhido a melhor parte. Eu entendo que em meio às minhas próprias experiências, nós deixamos passar o hoje, ansiosos pelo que virá, pelo que precisa ser feito, e isso nos impede de viver o melhor. A ansiedade cega os olhos do entendimento, nos impedindo de ver que o presente é tudo o que temos para sermos melhores como mães, esposas, filhos, amigos e, principalmente, adoradores.

Vivemos influenciados por uma sociedade cuja característica é consumir, muito mais que adorar. Queremos prestar serviços para consumir os benefícios dessa prestação, fazer para alguém reconhecer, então cometemos o maior erro que se pode cometer: ignoramos a presença de alguém tão importante como Jesus.

Mas Ele nos conhece e fará questão de nos trazer de volta ao nosso estado normal. Faça o necessário para restaurar sua *saúde emocional* e lembre que Jesus está contigo em todo tempo.

131

Sara riu

*"Então disse o Senhor: 'Voltarei a você daqui um ano,
e Sara, sua mulher, terá um filho.'" Gênesis 18:10*

O sorriso é uma linguagem universal, possível de ser compreendida em todas as línguas, raças e nações. Não importa a idade, classe social, formação acadêmica, o sorriso é compreendido por todos. O sorriso abre caminhos, desarma os mal-humorados, transmite energia. Podemos dizer que o sorriso é a linguagem da alma. Sem contar que sorrir promove a contração de 28 músculos faciais, o que ativa e aumenta no cérebro a produção de serotonina e endorfina, neurotransmissores que se disseminam pelo corpo e dão a sensação de bem-estar e prazer. O riso é contagiante e, há quem diga, rejuvenescedor. Sorrir é necessário; alguns sorriem nos momentos de incerteza no coração.

Um certo dia, anjos do Senhor visitaram Abraão. Ele estava assentado à entrada da tenda no calor do dia. Parecia um dia qualquer, mas não era. Aquele dia foi marcado pela promessa de Deus a Abraão e sua esposa, Sara. A promessa da descendência. Abraão, você será pai, e Sara será mãe. Devido ao avanço da idade do casal, era quase impossível gerar filhos. Então Sara "riu no seu íntimo". Esse riso pode ser compreendido como uma expressão de incerteza e dúvida diante da impossibilidade, da limitação humana de gerar filhos na velhice. Imediatamente, o anjo questiona a Abraão: "Por que Sara riu diante da promessa?". E a resposta em forma de pergunta à Sara derruba toda incerteza e impossibilidade humanas: "Acaso para o Senhor há coisa demasiadamente difícil?". O sorriso de incerteza de Sara se transformou na certeza da maternidade. Pois para o nosso Deus não existe nada difícil que Ele não possa fazer.

Quem sabe você acordou hoje achando que é um dia comum na sua trajetória de vida. Afinal, faz tanto tempo que as coisas não acontecem como você sonhou, desejou, não é verdade? Mas quero que compreenda: há promessas de Deus para sua vida e quando você estiver pronta, receberá. Sim, não somos nós que decidimos se estamos prontas para a promessa. É Ele quem decide. Então, num dia qualquer, seu sorriso não será mais de incerteza, mas de gratidão. Seu milagre chegou! É tempo de celebrar!

Mãe, uma expressão do amor de Deus

por Alessandra Porto

"Levantam-se seus filhos e chamam-na bem-aventurada..."
Provérbios 31:28

Eu vejo o amor de mãe como uma pequena porção do amor de Deus. Consigo sentir e vivenciar o amor ágape, que não deseja nada em troca nessa relação de amor com essas mulheres tão especiais. Aqui, não me refiro a mim como mãe, mas me identifico como filha, como quem olha para a mãe e sorri sentindo o amor de Deus através da vida delas.

Durante toda minha vida, tive o privilégio de ter uma mãe incrível. Ao ler Provérbios 31, consigo ver aquela mulher personificada em minha mãe, então decidi escrever sobre essa porção, essa experiência maravilhosa de ser amada incondicionalmente.

Já estive em filas de "jumbo" e para quem não sabe, são as filas para visitas em presídios, e estando lá e olhando para aquelas mulheres, eu chorava, sentindo o amor de Deus, vendo em cada uma das sacolas a provisão do cuidado do Senhor sobre seus filhos: alimentos, roupas, objetos que, naquele momento de reclusão da sociedade, os fariam lembrar que o amor não os havia abandonado. Ouvi diversas vezes: "Se eu pudesse, o colocaria no ventre e o geraria novamente", não com ar de arrependimento, mas para derramar ainda mais amor e assim, talvez, mudar as escolhas dos filhos.

E mesmo que nosso julgamento nos induza a achar que eles não mereceriam, as mães não, elas reconheciam os erros os filhos, sabiam que eles estavam arcando com as consequências dos seus atos, mas não os deixavam esquecer que o amor por eles ainda existia, e esse amor os fazia acreditar num novo amanhã.

Tudo em Amor

"Não devam nada a ninguém, a não ser o amor de uns pelos outros, pois aquele que ama seu próximo tem cumprido a Lei."
Romanos 13:8

Não há outra medida, outro meio a não ser o amor. O amor é suficiente, o amor é poderoso. O amor é o elo da perfeição, é capaz de mover todas as coisas. No amor residem as inúmeras possibilidades de ser e fazer feliz.

Quem não ama desconhece a Deus, porque Deus é amor. Falamos em perdão, salvação, mas observe que antes vem o amor. Primeiro, Deus amou o mundo de tal maneira que deu Seu Filho unigênito para morrer por nós.

O amor é o que nos reconcilia com Deus e o que nos une entre nós mesmos. Somente o amor faz. Aliás, o amor vence. Sempre vence. Porque no amor há bondade. O amor só faz o bem, e não o mal. O amor salva, cura.

Qualquer sentimento destrutivo não é amor. Amar traz benefícios para quem ama e para quem é amado. Se em todos os seus feitos houver amor, emanará paz, qualidade, brilho, irradiará alegria. Ame o que faz e prosperará. Faça com amor e prosperará, porque Deus é honrado em tudo que fazemos com amor.

Faça por amor; se preciso renuncie, sacrifique pelo bem maior. O amor recompensa. Mesmo que não entendamos num primeiro momento, nosso Deus, que é amor, rege todas as coisas. Qualquer atitude que acalente, conforte, anime, acolha, é amor.

Tenha o amor como parâmetro em sua vida e ela fluirá, bem como o levará para cada vez mais perto do Pai Celestial.

Guarde o teu coração

11 de Maio
por Ellen Cristina

"Sobre tudo o que se deve guardar, guarda o coração, porque dele procedem as fontes da vida." Provérbios 4:23

Dizem que as mulheres são 100% emoção e 0% razão. Somos, sem dúvidas, seres emocionais. Choramos, sentimos raiva, medo, alegria, ciúmes, inveja. Com certeza, como mulheres, já sentimos todo tipo de emoção e expressamos isso de diversas maneiras. Mas o que quero refletir com você é um ponto só. De tudo que experienciamos, das emoções e sentimentos, o que estamos levando para o coração e deixando reinar por lá?

Por sermos seres emocionais, o inimigo também tenta nos atingir nesse campo, lançando palavras, situações, relacionamentos que afetam diretamente nosso coração, nos fazendo por vezes enfraquecer e até perder o foco do propósito para o qual fomos chamadas. A Palavra é clara e imperativa: "Guarda o teu coração!" Numa linguagem mais atual: "Fica esperta!".

As enfermidades emocionais têm aumentado a cada dia. Depressão, crise de ansiedade, crises de pânico e tantas outras. Antes de iniciar um relacionamento, seja ele amoroso ou profissional, busque a Deus em oração. Busque a direção Dele sobre as suas amizades. Deus quer realizar os planos Dele em sua vida. O inimigo também sabe disso e vai criar armadilhas para que se contamine e saia do propósito determinado a você por Deus. Fique atenta! Viva uma vida de oração, jejum, comunhão e estudo da Palavra. Deus conhece seu coração e sabe de todos os anseios e desejos: família, filhos, carreira, saúde, vida sentimental, e a Seu tempo vai te honrar. Mas, para isso, fique firme e guarde seu coração do mal, das más conversações, da mentira, do pecado, dos vícios, da inveja, da ansiedade. Confie. Deus tem o melhor para você!

Simplesmente Viva

12 de Maio

por Flávia Dantas

"Cantarei ao senhor toda a minha vida; louvarei ao meu Deus enquanto eu viver. Seja-lhe agradável a minha meditação, pois no Senhor tenho alegria." Salmos 104:33 e 34

Você é o relacionamento mais longo que pode ter em sua vida. Acredite em você, acredite sempre no seu potencial. Você é sua melhor versão, não cultive amor em pessoas que não te enxergam da maneira que você é.

Encante-se com a simplicidade da vida. Aproveite a sua jornada e aproveite as surpresas que a vida pode oferecer a você. Aprenda com os fracassos e transforme dores e decepções em grandes oportunidades.

Sempre seja e faça o que é melhor para você; não desperdice as lições que a vida oferecer. Ame seu corpo, ame sua essência e a morada da sua alma. Cuide do seu lado espiritual, ame o desenho do seu rosto, ame suas marcas e apaixone-se pelas pequenas e simples coisas que fazem você estar bem.

Ame sua história desde o começo; seu trabalho, seus amigos, sua família, mas principalmente, ame a Deus. Que sua vida seja uma linda e longa trajetória de resiliência, superação, aprendizado e evolução.

E que, no caminho que percorrermos, permaneça nossa fé, para que seja permitida sempre a vontade de Deus sobre nós. Que permaneçam o amor, a confiança e a esperança de que dias melhores estão à nossa espera.

"E, ouvindo que era Jesus de Nazaré, começou a clamar, e a dizer: Jesus, filho de Davi, tem misericórdia de mim."
Marcos 10:47

Essa passagem da Bíblia relata a cura do cego Bartimeu. Com certeza você vai notar que se assemelha muito com o que já viveu ou está vivendo. Quem não tem vontade de gritar às vezes para ser ouvido? E quantas vezes, antes mesmo de falar, as pessoas querem calar a sua voz?

Bartimeu soube que Jesus estava passando e sabia que era a sua oportunidade, e começou a gritar: *"Jesus, Filho de Davi, tem misericórdia de mim..." Marcos 10:47.* A multidão o repreendia e ele gritava mais alto, até que foi visto por Jesus e recebeu a cura. Só ele sabia o que já tinha passado até chegar nesse ponto.

Chega uma hora em que a voz vai se calando com as lutas da nossa vida. Quero instigar você a gritar, o seu gemido pode ser transformado em clamor. Se calar a sua voz, vai dar lugar à multidão que está te fazendo não persistir.

Não era uma pessoa que mandava o cego Bartimeu se calar, era uma multidão. São muitas as adversidades que fazem você se calar, uma diferente da outra, uma maior, outra menor, e tudo isso pode te sufocar. Em nome de Jesus você vai jogar a sua capa de lado e ir até Ele; Cristo vai te chamar assim como fez com o cego Bartimeu; ele chegou até Jesus e foi curado.

Outro ensinamento nessa passagem da Bíblia é para não perder a oportunidade; vai chegar o dia em que Jesus vai passar e você precisa estar no lugar. Não perca o foco e grite por Ele. Jesus Cristo responderá: "Receba sua vitória de acordo com a sua fé".

Jornada

"Eis que estou contigo, todos os dias, até a consumação dos séculos." Mateus 28:20

Quem nunca se deparou com o questionamento, seja por parte dos opressores ou da mais íntima voz em nós: "Onde está Deus? Às vezes, os caminhos ficam estreitos, sem sentido, as contas não batem, as respostas não chegam e nos sentimos dentro do mesmo barco dos incrédulos, nos questionando sobre onde está a vantagem de sermos cristãos. O chamado de Deus para nós é vivermos pela fé, e não por vista (Romanos. 1:17), mas enquanto seres terrenos, há mistérios que não entendemos por completo, e o que nos resta? O que responder aos questionadores?

Eu não sei onde vou chegar precisamente; a vida traz capítulos dos quais também não tenho controle, mas de uma coisa eu sei: Ele está comigo! Como você sabe disso? O que te garante essa verdade? Ele disse! Não só nos dias bons, não só quando estou legal, mas Ele disse que estaria comigo *todos* os dias.

Ainda que o questionador seja você, responda como o salmista, que conversava com sua alma: não vemos, não sentimos, não entendemos, mas eu escolho a fé, e a Sua companhia na minha jornada me é suficiente. Se formos levados somente pelo racional, dificilmente conseguiremos permanecer com Deus até o fim. Se Deus nos deu uma Palavra, precisamos caminhar sobre ela, mesmo que não faça sentido, nem mesmo para mim.

A Bíblia não fala sobre os questionamentos de Noé, mas precisamos olhar para ele como humano. Não é fácil assumir uma tarefa nunca antes vista, mas ele permaneceu até chover. Emanuel, e isso é tudo!

Crer para ver

"Respondeu Jesus: Tenham fé em Deus. Eu lhes asseguro que se alguém disser a este monte: 'Levante-se e atire-se no mar', e não duvidar em seu coração, mas crer que acontecerá o que diz, assim lhe será feito." Marcos 11:22-23

Será que, de fato, temos crido em Deus? Em um minuto, conseguimos ter essa resposta. Em *Marcos 20:29*, quando Tomé soube que Jesus havia estado com os discípulos, ele duvidou. Para ter a certeza de que o Mestre esteve naquele lugar, Tomé não temeu dizer que ele só acreditaria se visse com os próprios olhos. É o que nós fazemos muitas vezes.

Talvez estejamos esperando o milagre acontecer para crer, mas só podemos ver o milagre a partir do momento que colocamos a nossa fé em movimento. A fé é combustível que nos abastece de esperança, e a esperança nos move a querer viver o novo de Deus.

Quando cremos em Deus de forma plena, sabendo que todas as coisas estão sob o controle de Suas mãos e que, crendo, receberemos, todos os nossos pensamentos, emoções e comportamentos serão positivos. Isso faz com que estejamos ainda mais motivados a querer viver os milagres Dele para nós. Ao contrário, quando duvidamos da capacidade de Deus diante do impossível e questionamos o Seu tempo, o resultado será tristeza, dores físicas (sim, aquilo que cremos influencia nossa saúde física) e emocionais, falta de motivação, insatisfação, ansiedade, etc.

Não podemos esperar ver o livramento para crer que Deus nos livra, nem mesmo a bênção precisa estar em nossas mãos para sabermos que Ele nos abençoa. Quando oramos ao Senhor, podemos ter a certeza de que Ele tem poder para fazer infinitamente mais do que podemos imaginar. Creia e veja!

Confiar e não se abalar

16 de Maio
por Silvia Silva

"Os que confiam no senhor serão como os montes de Sião, que não se abala, mas permanecem para sempre" Salmos 125:1

As lutas, as dificuldades, as angústias, tristezas e decepções nos levam a vales profundos. Todavia, aquele que confia no Senhor não se abala.

Não se abalar não significa não ficar triste ou não chorar; significa não sair do lugar. Veja bem: quando uma construtora constrói um arranha-céu, ela faz a escolha do melhor material, as melhores ferragens e vergalhões para que ele tenha uma base sólida e além de tudo isso a escolha do terreno é essencial.

Sobre quais fundamentos você está construindo a sua casa? Se você escolheu a rocha como opção, parabéns! Você está sendo prudente confiando a Deus todos os aspectos da sua vida. Já se tiver escolhido a areia, sinto-lhe dizer que você agiu feito um tolo; escolher a areia é se afastar da presença de Deus, se abalar e ficar à mercê do inimigo; quando o vento soprar a queda é certa. Para não se abalar é preciso estar firmado em Cristo.

Podemos passar por vendavais, mas continuaremos firmes Nele, esperando e crendo que assim como Ele permitiu estarmos no vale, Ele há de nos guiar e no momento propício vai nos conduzir até a montanha. Confiar nele é descansar.

Em Isaías 64:4 está escrito: *"porque desde a antiguidade não se ouviu, nem com ouvidos se percebeu, nem com os olhos se viu um Deus além de Ti que trabalha para aqueles que nele espera"*.

Confie, espere e não se abale.

Deserto, lugar de provisão

"O meu Deus suprirá todas as necessidades..."
Filipenses 4:19a

Quando ouvimos falar de deserto, logo nos vem na mente um lugar árido, lugar de difícil habitação, sol escaldante de dia, frio intenso à noite, ausência ou escassez de água. Quando falamos que estamos passando por um deserto, é isto que queremos dizer: um tempo difícil, um processo que exigirá determinação e força. Quando lemos na Bíblia sobre o povo de Israel saindo do Egito rumo a terra prometida, vemos o quão difícil foi atravessar aquele deserto. No Egito, eles viviam como escravos, o seu futuro e gerações por vir estavam comprometidos com a escravidão, mas a vontade de Deus era que eles fossem livres. Deus poderia simplesmente exterminar os egípcios e fazer dali o lugar de Israel, porém Sua promessa era para outro lugar.

Ele sempre cumpre o que diz e sempre tem o melhor para o Seu povo. Para chegar a tal lugar é demandada certa renúncia, certos esforços, enfrentamento de certas situações, passar por certos processos cujo trajeto pode ser difícil. Nesse caminho, Deus nunca o deixará sozinho, proverá tudo que for necessário, assim como fez com Seu povo: não lhes faltou comida, água, roupas e suas sandálias não se desgastaram. Enviou uma nuvem para os cobrir de dia e uma coluna de fogo para os aquecer à noite. Deus os alimentou com o Maná do céu. Ele não mudou! Ele é o mesmo, ontem, hoje e eternamente.

Se você está passando pelo deserto, tenha certeza de uma coisa: Deus está contigo, não vai te faltar nada e você chegará seguro ao destino que Ele quer.

Não tenha medo

18 de Maio
por Priscila Camargo

"Não to mandei eu? Esforça-te, e tem bom ânimo; não temas, nem te espantes; porque o Senhor teu Deus é contigo, por onde quer que andares." Josué 1:9

Em tantos momentos o Senhor já me falou para ir e fazer algo e eu, com medo, recuei e perdi oportunidades. Mas também houve vezes em que me agarrei à mão poderosa do Senhor e me lancei no desconhecido... E foi maravilhoso! Tudo o que for da vontade Dele, mesmo que não pareça bom aos seus olhos, tenha a certeza de que será o melhor para sua vida!

Antes de lançar meu primeiro livro de ficção cristã, tive muitos momentos em que quase parei. O medo das críticas, dos leitores não gostarem da história, das pessoas não sentirem nenhuma emoção com uma ficção eram grandes e quase me fizeram desistir... Quase... Mas o Senhor continuava a me encorajar e repetir para que eu não temesse e prosseguisse.

E hoje, toda vez que recebo o testemunho de um leitor dizendo que foi tocado pela história, que sentiu o olhar de Jesus sobre si enquanto lia e que chorou involuntariamente ao sentir aquelas palavras aquecerem seu coração, me emociono também, olho para o céu e agradeço ao meu Amigo, que não me deixou desistir. E tenho cada vez mais a certeza de que foi Ele quem me inspirou a escrever para que tantos outros pudessem sentir o que primeiro Ele colocou em meu coração.

Neste dia, te encorajo a seguir, seja para o que for que Ele tenha te mandado fazer, pois Ele está contigo. Não tenha medo!

Ele escreveu

por Priscila Aguilar Ribeiro

uma história para cada uma de nós

"Os teus olhos viram o meu embrião; todos os dias determinados
para mim foram escritos no Teu livro antes de
qualquer deles existir." Salmos 139:16

Que incrível pensar que Deus escreveu uma história para nós antes mesmo de existirmos! Isso me faz pensar que há um plano original para cada uma de nós. A pergunta é: será que estamos vivendo esse plano?

Costumo pensar que a nossa vida é como uma estrada principal, mas cheia de vias que a cruzam, e que, por muitas vezes, saímos da estrada principal e caminhamos por essas vias que nem sempre nos trazem alegria e satisfação.

Precisamos nos lembrar que Aquele que nos criou, com certeza sabe o que é melhor para nós. Ele sonhou com cada uma de nós, planejou um relacionamento profundo conosco e nos prometeu que tem paz e alegria a nós garantidas. Mas não alcançaremos Suas promessas pelas vias que optamos, e sim as alcançaremos no caminho principal, ou seja, no plano original que Deus planejou para cada uma de nós.

Se não existe em sua vida um relacionamento profundo com o Senhor, provavelmente você não está no plano original. Comece hoje essa busca incrível e tenho certeza que viverá experiências maravilhosas que trarão a alegria que você sempre almejou!

Jesus, a Água da Vida

por Romilda Felix

"E no último dia, o grande dia da festa, Jesus pôs-se em pé, e clamou, dizendo: Se alguém tem sede, venha a mim, e beba. Quem crê em mim, como diz a Escritura, rios de água viva correrão do seu ventre." João 7:37-38

Nosso corpo depois de três dias sem água enfraquece, necessitando urgente ser reabastecido. E assim como o nosso físico precisa de água para sobreviver, nosso espírito precisa da água espiritual, que é a salvação (Dom de Deus) em Cristo, Fonte da vida eterna a jorrar naqueles que vêm para Ele e creem Nele.

A água simboliza o Espírito Santo. Então Jesus nos convida a saciar a nossa sede. *"E Jesus lhes disse: Eu sou o pão da vida; aquele que vem a mim não terá fome, e quem crê em mim nunca terá sede." João. 6:35.*

Quando bebemos dessa água, Jesus nos promete que de nosso interior fluirão rios de água viva. Quem bebe da água que Jesus lhe dá será salvo, nunca mais terá sede e terá vida eterna.

Precisamos dessa Água Viva, de Jesus, do Espírito Santo todos os dias, para sermos transformados (II Coríntios 3:18).

Que além de receber, possamos também levar essa água para os que perecem, pois Jesus pode transformar o mais terrível pecador em um filho amado de Deus.

Beba dessa Água Viva e seja pleno em Jesus Cristo!

Rejeição: uma ferida na alma

por Fabiana Menezes

"Não vos lembreis [com tanta intensidade] das coisas passadas,
nem considereis as antigas. Eis que faço coisa nova!"
Isaías 43:18-19

Deus nos ama e nos deu a vida. Seu amor nos completa, dá sentido à nossa existência. A verdade é o que Deus diz, não o que eu sinto ou vejo. A rejeição é uma mentira, uma "falsa profecia", uma isca do maligno para nos destruir. Quem acredita na rejeição se torna rebelde, amargurado por não liberar o perdão a seu ofensor.

Os "falsos profetas" da nossa vida são pessoas próximas a nós que podem nos ferir através de rejeição, abusos, violências, abandono; mas Deus tem um caminho de cura ao longo das rejeições que sofremos em nossas vidas, através do perdão. Se não perdoarmos, acabamos transferindo para Deus nossas mágoas em forma de incredulidade e rebelião contra Ele.

A dor emocional dói mais que a dor física, por isso precisamos deixar Jesus entrar no nosso coração e curar nossas feridas. Os que mais foram feridos serão os que vão receber maior autoridade de Deus, se perdoarem seus ofensores.

Quanto mais buscamos a aceitação dos outros, mais sofremos rejeição, porque a solução é recebermos o amor de Deus. Sempre que recusamos perdoar uma rejeição, nos rebelamos, abrimos feridas na alma, portas de perseguição no mundo espiritual; adoecemos, tomamos o caminho oposto da vida abundante que Jesus morreu para nos dar (João 10:10). O caminho e o propósito de Deus para nós incluem aprendermos a lidar com as nossas histórias de rejeição.

"Sua importância está impressa no céu
e nada aqui pode mudar isso" Bianca Toledo

Esconderijo

"Aquele que habita no esconderijo do Altíssimo, à sombra do Onipotente descansará." Salmos 91:1

Alguns dias são complicados. Você acorda, elabora seus planos, e de repente bate aquela inquietação sem sentido. Você confia em Deus, sabe que Ele sempre está no controle de tudo, mas parece que tudo está saindo do controle. A inquietação traz uma incerteza e com ela, seu companheiro – o medo. Especialmente nos dias de hoje, quando enfrentamos uma doença tão terrível quanto a Covid-19.

Esse texto me chama a atenção para a palavra *habitar* que segundo o dicionário, significa: ocupar como residência, morar. É morar no esconderijo do Altíssimo e ter esse esconderijo como minha residência. Ali eu estarei seguro e poderei descansar à sombra do Onipotente – descansar Naquele que tudo pode, que é Todo-Poderoso; meu Deus Altíssimo.

Haveria um lugar melhor? Certamente, não! Aqui fora está tudo desmoronando, tudo fora do controle; há medo, escuridão, tempestade e doenças, mas no esconderijo encontro paz. No esconderijo há um Deus que é refúgio e fortaleza, que traz consolo, amor, paz, conforto e alegria. Estar no esconderijo não significa estar se escondendo ou fugindo dos problemas, porque Ele não fala para você se esconder, mas *habitar*. Estar no esconderijo significa confiar Naquele que tudo pode e é Todo-Poderoso. Ele te encoraja a descansar Nele e olhar para as situações e entender que elas não vão te matar.

Ali, Ele te ensina e te direciona. Ele te fortalece, renova as suas forças e diz: "Filha, continue! Eu estou contigo!". Você pode habitar nesse esconderijo com a certeza de que nunca mais será a mesma.

Quando Jesus ficou sabendo que seu amigo Lázaro estava doente, ele não foi ao seu encontro de imediato. Tampouco foi quando ele acabara de morrer. Ele apareceu quando sabia que iria fazer alguma coisa. Muitos não suportariam saber que um amigo morreu e esperaria dois dias para ir dar um abraço na família. Todavia, Jesus sabe o que tem que fazer e por isso não se desespera. Ele sabe o momento certo de agir.

Pergunto-me: será que conhecemos a Jesus? Se O conhecemos, sabemos que Ele virá no momento certo. Então, porque por vezes ficamos clamando pela Sua ação como se Ele precisasse ser avisado? Até que colocamos nossa "fé em ação", esquecendo que a fé não é o que dá poder para Deus realizar; a fé nos faz suportar o processo.

É muito difícil para nós ao sabermos que um amigo não está bem (mesmo cientes de que não podemos fazer nada), ficarmos parados. Imagine para Jesus, que podia fazer! Todavia, como não era o momento, Ele não foi. Eu creio que Jesus desejou ir ao ouvir a notícia, mas, por conhecer o propósito teve maturidade para permitir o processo.

Sabe por que ficamos chateados quando um amigo não nos socorre ou não nos empresta o que precisamos? Porque amigo empresta o ombro pra chorar mas não tira a sua dor; te defende, mas não morre por você; te chama para almoçar na casa dele, mas só Jesus te alimenta. Amigo pode até viver uma vida inteira com você, mas não pode te dar a vida eterna!

Desenvolva maturidade; passe pelo processo e viva o propósito!

Dias agitados, mentes agitadas

"Deus tem pensamentos de paz, e não de mal
para lhe dar o fim que esperais." Jeremias 29:11-13

Todos nós sabemos o que nos torna mais agitados e mais ocupados na vida. Isso se tornou tão natural que só chegamos ao ponto de perceber que algo está errado quando nos deparamos com uma doença repentina, com o estresse ou estamos no limite física e espiritualmente.

O desespero nos faz esquecer as promessas do Senhor, focamos em coisas ruins e deixamos as boas passarem e não vemos os sinais de Deus em tudo que existe nesta Terra. Quando damos atenção à voz de Deus em meio ao caos, e nos atentamos às coisas simples da vida, conseguimos enxergar Deus e tudo se torna mais fácil.

Certo dia, eu estava andando de carro com a mente e o coração bem agitados por vários motivos. Eu gosto muito do céu de Orlando; ele é muito lindo, tem um azul perfeito e as nuvens são lindas também; e eu amo prestar atenção nos detalhes. Eu não estava olhando para fora do carro, mas o Espírito Santo me incomodou a olhar e reparar os detalhes do céu. No mesmo momento comecei a sentir uma paz, uma calma, como se eu estivesse dentro daquelas nuvens e ouvi a voz do Senhor dizendo: *"Desfrute das coisas que Eu criei; pare, respire. Eu sou o Deus que criou todas as coisas e estou em todas as coisas também, basta você prestar atenção!"*. Naquele momento pedi perdão para Deus por todas as coisas que estava pensando.

Talvez hoje sua vida não esteja como você deseja e você está ansiosa para que as promessas se cumpram, assim como eu estava naquele dia; mas, ouça a voz de Deus dizendo: *"Não é o fim! Aquieta a sua alma! Viva o seu presente e agradeça por ele, enquanto Eu, o seu Deus, estou cuidando do seu futuro!"*.

Se você ainda não está vendo o que Deus prometeu, é porque não é o seu fim. Pense neste momento se a sua família está como você gostaria. Seu casamento está como Deus falou que ele seria? Sua vida está como Deus disse que estaria? Então, ainda não é o seu fim. Mesmo em meio à sua dor, o barulho da sua mente, a angústia da sua alma, esse *não é o seu fim*! Levante-se, tome a posição de soldado, de vitorioso e comece a profetizar a Palavra de Deus. Agradeça pelo que Deus já fez e por aquilo que você ainda não viu; Ele fará; creia!

*"Esquecendo-me das coisas que ficaram para trás,
avançando para as que estão adiante..." Filipenses 3:13-15*

Em um bate-papo com um grupo de mulheres da comunidade da qual faço parte, falamos sobre o que é ser uma mulher blindada. Fazendo uma metáfora: um carro blindado serve para quê? Para proteger, guardar de ataques de fora; é resistente a projéteis. Teoricamente, quem está dentro do carro tem uma segurança, nada atingirá seu interior. A ideia é a mesma.

Paulo diz: "Não penso que já alcancei... mas uma coisa faço...". Que coisa ele faz? Temos tendência a fechar e blindar nossos corações (emoções), a não deixar o novo entrar, renovando nossa mente (Romanos. 12:1-2). Não experimentamos o que Deus tem para nós, ficamos presas ao passado, preconceitos, etc... Nos inflamamos, adoecemos emocional, física e espiritualmente (80% das doenças físicas são de ordem emocional). O índice de câncer tem aumentado muito, cerca de 70% em relação aos anos anteriores; psicossomatizamos em algum momento, esquecemos da responsabilidade que temos.

Jesus nos ensinou a amar incondicionalmente e a perdoar imediatamente. Paulo nos exorta a não deixar que o sol se ponha sobre a ira. Podemos, sim, irar-nos, pois somos seres humanos, mas não pecar (Efésios. 4:26). Como não pecar? Guardando nossos corações, "blindando a mente" (Provérbios. 4:23) para desfrutarmos de uma saúde plena em nosso corpo, alma e espírito. A ansiedade quer nos afligir, mas apeguemo-nos à Palavra com confiança. *"Não andeis ansiosos..."* (Filipenses. 4:6, 7).

Uma mulher blindada sabe quem é, tem propósito, caminha rumo ao alvo, não desiste, se cuida para não adoecer e vive para manifestar Cristo, sendo exemplo. Amém!

Não perca sua Bênção: saia da Janela

"E Davi, e toda a casa de Israel, festejavam perante o Senhor, com toda a sorte de instrumentos." II Samuel 6:5

A rejeição é um sentimento silencioso na alma do ser humano, e é muito difícil lidar com ele, pois se manifesta de forma sistêmica, apresentando suas facetas.

A biografia de Mical revela uma mulher que se apaixona por Davi, se casa com ele e numa noite precisa ajudar seu amado esposo a fugir pela janela de seu quarto para não ser morto por seu pai, Saul. Somente após quatorze anos, Davi resgata Mical.

Quem melhor para causar feridas na alma do que a família? Durante todos esses anos, Mical alimentou um sentimento de rejeição; rejeição do seu pai, rejeição do seu esposo, e Mical mostra que quando alimentamos sentimentos de rejeição, mesmo sendo resgatada, mesmo retornando ao lar, ao esposo, um momento de celebração pode ser o momento da maldição. Veja: Davi está extasiado, pois a arca retornara para Jerusalém, o povo celebrava, contudo os olhos de Mical estavam focados na rejeição que sofrera durante toda sua vida.

O mundo só é percebido de acordo com o que internalizo, ou seja, os sentimentos e emoções dirão aos nossos olhos o que estamos vendo. Neste dia, digo a você, Jesus Cristo, nosso salvador, não a rejeitou, não a abandonou; Ele sempre está ao seu lado, aguardando o momento de seus olhos contemplarem Suas Maravilhas. Não deixe que o seu passado escravize sua visão; saia da janela, vá ao encontro Dele, se regozije, dance e desfrute de sua presença.

Que pedra você precisa remover?

"... Tirai a pedra..." João 11:39

Jesus deu esta ordem diante do túmulo de Lázaro (morto há quatro dias). Sabemos que tiraram a pedra e Jesus realizou o milagre: ressuscitou o Seu amigo! Jesus não podia fazer a pedra rolar sem intervenção alguma? Sim. Então por que ordenou que a tirassem? Porque foi um obstáculo colocado por eles! Jesus nos ensina que devemos fazer a nossa parte, pois na hora do impossível, Ele agirá!

Qual pedra você colocou? O que está impedindo que o seu milagre aconteça? Seria a pedra da incredulidade? Você não consegue crer?

Marta, a irmã de Lázaro, disse: *"Já cheira mal, já é de quatro dias"*. Qual foi a resposta de Jesus? *"... Não te disse eu que, se creres, verás a glória de Deus?" João 11:40.*

Você acha que a situação não pode mudar porque faz muito tempo? Creia! Aquela pessoa não tem mais jeito? Creia! Sabemos que sem fé é impossível agradar a Deus. Hebreus 11:6

A pedra que está impedindo o seu milagre seria algum pecado? A falta de perdão, por exemplo? Se você não tem um coração disposto a perdoar, suas bênçãos serão impedidas.

A oração do Pai Nosso diz: *"Perdoa-nos as nossas dívidas, assim como nós perdoamos..." Mateus 6:12.* E em Marcos 11:25 lemos: *"E, quando estiverdes orando, perdoai, se tendes alguma coisa contra alguém, para que vosso Pai, que está nos céus, vos perdoe as vossas ofensas."*

Não espere que Deus faça o que você pode *e deve* fazer! Tire a pedra, retire os obstáculos que você mesmo colocou. E o impossível? Jesus fará!

Escape nas Tentações

por Tânia Carvalho Fontes

"Não veio sobre vós tentação senão humana, mas fiel é Deus, que vos não deixará tentar acima do que podeis suportar, antes, com a tentação dará também o escape para que possais suportar."
I Coríntios 10:13

Creio que você já leu esse texto algumas vezes. Olha a profundidade da mensagem que ele nos traz. Deus fala sobre as tentações e a forma como enxergá-las, nos encorajando a prosseguir. O Senhor nos mostra que somos tentados porque somos humanos. Anjos não são tentados. Toda provação ao longo da nossa vida é por causa da nossa humanidade. A queda trouxe consequências físicas, emocionais e espirituais e por isso estamos sujeitos às aflições.

Quando Jesus esteve aqui na Terra, provou Sua humanidade passando por várias tentações, porém, sem pecar. Ele sabe o que é ser tentado. Hebreus 4:16 diz: *"Pois naquilo que Ele mesmo sofreu, tendo sido tentado, é poderoso para socorrer os que são tentados"*. A certeza da fidelidade de Deus nos reanima. Ele não falha, não mente e não te dará nada além das suas forças. O que você está passando com certeza é algo que pode suportar, e vai te proporcionar musculatura espiritual.

É como numa academia: quanto mais peso e maior esforço, melhor será o resultado. Sentimos dor, suamos bastante e parece que não suportaremos, mas logo perceberemos os resultados. Deus é como aquele treinador que nos encoraja e diz: Você consegue. Creia que junto com a tentação virá o livramento. Deus nos conhece e sabe até onde podemos ir. Não murmure e encare as adversidades como um treinamento de Deus. Toda provação vem recheada de oportunidades. Confie!

Deserto não determina até aonde você vai e milagre não da à mínima para a lógica, porque aquilo que vem de Deus não é feito para se entender pela lógica, mas para crer.

O sobrenatural vem sempre Dele, está acima do que os seus olhos podem ver e de sentenças proferidas sobre o teu futuro; só Ele sabe o que está reservado para você.

Desde que nasci tive muitas sentenças de morte sobre a minha vida. Uma das últimas dadas pelo médico foi que eu nunca andaria devido a uma luxação congênita do quadril que não foi detectada no meu nascimento e por isso, fiquei com uma perna mais curta que a outra e precisei usar um aparelho nas duas pernas, com gesso e tiras que me impediam de andar e fazer as necessidades fisiológicas. Então, até os três anos usei fraldas e não podia andar; segundo o médico, se andasse seria toda torta.

Meus pais não aceitaram esse diagnóstico, pois eram pessoas de muita fé em Deus e buscaram a Deus incessantemente até o dia em que o milagre aconteceu.

Em uma determinada noite, eu desci do berço sozinha e fui até o quarto deles andando; com dificuldades, mas, andando. Entre lágrimas e risos eles louvaram ao Senhor. E eu nunca mais parei de andar para a glória de Deus.

Não pare mesmo que os dias de luta sejam intermináveis pois quem te prometeu é fiel para cumprir e suas vitórias serão exemplo para outras pessoas. Sua vida não se resumirá num momento difícil; tem coisa boa chegando, tem virada de vida, alegria, honra e bênçãos. Não desista!

Quando a dor toma conta do seu coração

30 de Maio
por Silvia Nicolai

Seja qual for a dor ou vazio que tomou conta de seu coração neste dia, saiba que o Salmo 121 ensina-nos que nossa força vem do Senhor; só Ele tem muito mais para a sua vida, família e sua história.

Sejam quais forem as perdas ou circunstâncias até aqui, busque a Deus de coração, *Shalen* (coração inteiro), e então achará Nele o descanso, a paz de Deus; paz inexplicável, mesmo durante o tempo de tribulação.

O Senhor fez isso por mim, fará por você também, querida! Só Ele tem as respostas que procuramos, erroneamente, em coisas ou pessoas, que ao final só nos trazem sentimentos de tristeza e decepção.

Dê uma oportunidade para você, se achegue ao conhecimento e entendimento da Palavra desse Deus, renove sua mente no único que tem poder para operar milagres em nossos maiores e menores sonhos através do Seu Santo Espírito, que habita em todos os que creem em Jesus.

Se até hoje você não teve a oportunidade de entregar sua vida nas mãos do Senhor da Glória, coloque sua mão em seu coração e repita comigo esta oração:

Querido Deus, cansei de andar sozinha... e de errar, mesmo no desejo de acertar. Perdoe meus erros e entra no meu coração. Renova a minha mente e vem ser o Dono e Senhor da minha história. Venha fazer tudo novo em mim e através de mim, em nome de Jesus, Seu Filho amado. Escreve meu nome no Livro da Vida para que estejamos juntos eternamente. Amém!

Em dias de Escuridão

31 de Maio
por Vand Pires

"A ordenar acerca dos tristes de Sião que se lhes dê glória em vez de cinza, óleo de gozo em vez de tristeza, veste de louvor em vez de espírito angustiado; a fim de que se chamem árvores de justiça, plantações do Senhor, para que ele seja glorificado." Isaías 61:3

O sol está lá fora, brilhando tão forte que é impossível abrir os olhos. Minha casa é clareada por sua brilhante luz, mas em mim (no meu interior) existe uma escuridão. Mesmo abrindo as janelas, tenho a sensação de que tudo está escuro. Será que o sol não quer brilhar aqui dentro? De repente, a casa está pequena, as paredes parecem me espremer e a cama parece ser o lugar mais seguro. A comida perdeu o sabor, as crianças brincando viraram uma grande irritação, o marido parece que não ama mais como antes, os amigos sumiram... É melhor ficar deitada mesmo. Ninguém me entende!

Não fique assim. Leia essa passagem de Isaías; é uma Palavra de ânimo. Deus, nos seus dias de escuridão, quer lhe dar alegria. Nos dias mais escuros da vida, Deus te consolará e trará uma alegria sobrenatural – aquela que você não entende. *Era para eu estar chorando, mas tem algo dentro de mim que está a me encorajar, a me alegrar.* Ele tem todo poder para satisfazer sua alma cansada e saciar toda alma entristecida (Jeremias 31:25).

Deus está aí dentro dessa escuridão com você. Ele quer que você O enxergue. O amor Dele é tão real e tão imenso. *"Com amor eterno, te amei; com bondade te atraí."* (Jeremias 30:22).

Deus é a luz que você precisa. Estenda as suas mãos, feche os seus olhos e diga: *Senhor, tu és a minha luz e salvação, encontre-me em meio a essa escuridão.* Ele vai te ouvir.

Permanecer em Fé

by Ana Silva — date block

01 de Junho
por Ana Silva

*"Mas o justo viverá pela fé. E, se retroceder,
não me agradarei dele" Hebreus 10:38*

Alexandre Magno saía para conquistar e chegando no território declarava: Não deixem os barcos à beira, ponham fogo e conquiste"; os barcos à beira seriam uma oportunidade para abandonar a guerra e retroceder. Ele entrava na batalha para conquistar ou morrer. Ele foi um grande desbravador que retornava para casa nos barcos conquistados do inimigo.

Muitos começam bem, motivados, otimistas para conquistarem, mas quando começam os problemas, as crises e as resistências, preferem retroceder. O grande desafio em um propósito é permanecer até o final, ainda que no percurso existam tropeços, ou os resultados não sejam como planejados.

Precisamos exercitar a fé, avançando firmes em cada processo; retroceder é sinônimo de incredulidade, o que não agrada a Deus. A estratégia do inimigo será sempre te parar, te fazendo retroceder.

Por isto precisamos andar em fé; ela é o que nos move, extraindo de nós o melhor potencial, porque remove o temor, e nos impulsiona para o foco, o alvo inicial, nos reposicionando diante do desafio. Alguém apenas com forças naturais está emocionado, com "gás"; mas alguém abastecido pela fé não terá receios em queimar os barcos ao entrar para conquistar, porque está convicto que entrou para romper.

Decida hoje entrar pelas portas da convicção; abandone os temores que tem te impedido de entrar em um propósito; não olhe para a chuva, não observe o vento, segundo a Bíblia estes não colherão. Não espere condições perfeitas para agir; atue com ousadia e fé e retorne da batalha nos barcos do inimigo.

Onde estou firmando raízes?

"E será como árvore plantada junto à corrente de águas, que, no devido tempo, dá o seu fruto, e cuja folhagem não murcha."
Salmos 1:3

*M*ais que feliz é aquele que não anda por conselho de ímpios e nem se detêm no caminho dos pecadores, nem se assenta na roda dos escarnecedores. Antes, o seu prazer está na lei do Senhor, e na Sua lei medita de dia e de noite. O salmista, no capítulo um, relembra a conduta justa e a vida frutífera que caracterizam aquele que se deleita na lei de Deus em contraste com a vida e o destino dos ímpios, que perecerão.

Mas, por que muitas mulheres cristãs têm vivido uma vida infrutífera? Sem resultados para o Reino, família sempre em discórdias, enfermidades, medos e insegurança, como uma árvore seca?

A pergunta que te faço neste momento é: onde você está firmando suas raízes? Já parou para observar que água você está bebendo? Dependendo de onde a árvore está enraizada, do tipo de solo e a qualidade da água, ela produzirá frutos deliciosos ou não, terá uma copa linda e troncos firmes ou simplesmente pode ser seca e sem frutos.

Ouvir conselhos de ímpios, andar com escarnecedores, vida sem oração, sem busca do Espírito Santo, sem estudo da Palavra, são exemplos de solos inférteis e a consequência não é outra senão morte.

A cada dia Deus nos presenteia com 24 horas para mudança de atitude, para nos enquadrarmos na lista daqueles que são "mais que felizes".

A hora é agora. Você está pronta?

O Senhor está falando

03 de Junho
por Angélica Pina

"Os céus proclamam a glória de Deus, e o firmamento anuncia as obras das suas mãos. Um dia discursa a outro dia, e uma noite revela conhecimento à outra noite. Não há linguagem, nem há palavras, e deles não se ouve nenhum som. No entanto, por toda a terra se faz ouvir a sua voz, e as suas palavras chegam até os confins do mundo." Salmos 19:1-4

Já ficou com a sensação de que Deus não está falando? Às vezes O buscamos querendo uma resposta, mas o que ouvimos é... Silêncio. Porém, se prestarmos realmente atenção, Ele fala o tempo todo conosco através da Sua criação.

Pense em quanta coisa já foi alterada ou distorcida desde a fundação do mundo. Mas se ainda hoje podemos ver a separação entre céus e terras, dia e noite, da mesma forma como o Senhor determinou lá em Gênesis 1, é porque Ele continua no controle.

O sol não deixa de brilhar em determinado dia porque não está animado ou porque alguém decidiu que é melhor que tudo fique escuro. Só depois que chega ao seu fim, um dia "passa o bastão" para o dia seguinte, como se estivesse dizendo: "Ei, fiz como o Senhor ordenou, agora é sua vez".

Quando tudo funciona perfeitamente assim, não é preciso palavras nem sons, isso já é Deus falando que Ele é o Senhor, Ele é quem governa, Ele quem decreta que tudo continue em ordem.

Quer ouvir o Senhor falando hoje? Olhe para o céu, olhe para o relógio, olhe para o calendário... Nada fora do lugar, tudo falando que Ele continua sendo Deus!

Gratidão

"Em tudo, dai graças, porque esta é a vontade de Deus em Cristo Jesus para conosco". 1 Tessalonicenses 5:18

A nossa trajetória de vida nos ensina a sermos gratos a Deus. Geralmente agradecemos por grandes coisas, por grandes livramentos, por conquistas materiais ou por uma promoção muito desejada.

Mas, muitas vezes nos esquecemos de agradecer a Deus pelas pequeninas coisas como o fato de termos uma cama para deitar, um chinelo para calçar ao levantarmos pela manhã; coisas do nosso dia a dia que fazem parte da nossa rotina e por serem tão comuns, nos esquecemos de agradecer.

"Foi-me bom ter eu passado pela aflição, para que aprendesse os teus decretos" Salmos 119:71

Reclamamos muito das dificuldades e não somos gratos pelo aprendizado que obtemos através delas.

A palavra de Deus diz "em tudo dai graças", ou seja, quer na abundância ou na escassez, na alegria ou na tristeza, na saúde e na doença, na calmaria ou na tempestade, precisamos aprender não apenas agradecer pois isso pode se tornar corriqueiro, mas termos um coração grato. Não é tão fácil ter um coração grato pois somos tendenciosos a olhar para o que não temos e não para o que temos.

Um coração grato é aquele que reconhece que tudo que temos e tudo o que somos é por permissão de Deus.

Pare um instante e reflita: pense nos motivos que você tem para ser grato hoje, faça disso um hábito e reconheça que de nós mesmos nada temos e nada somos e é Deus quem a cada instante segue cuidando de nós.

Reclamar nos traz angústia e insatisfação, mas agradecer nos traz paz e refrigério.

Dependência e provisão

05 de Junho
por Bruna Pisani

"Jesus tomou o pão e havendo dado Graça, repartiu-o pelos discípulos, e os discípulos pelos que estavam assentados."
João 6:11

Muito mais que palavras, nossas experiências com Deus ao enfrentarmos as adversidades devem gerar em nós uma medida de fé, ao ponto de não temermos a escassez.

Existem diversas situações nas nossas vidas que nos desafiam a viver o verdadeiro Evangelho e ensinamentos de Jesus. Ao analisarmos a multiplicação dos pães, podemos encontrar referência desse milagre nos quatro evangelhos, porém no evangelho segundo João (João 6:5-13), temos uma narrativa um pouco diferente. Existem mensagens peculiares que ele captou fielmente e que tenho certeza, Cristo sabia onde queria chegar com essa narrativa. A situação seria inimaginável, por se tratar de Jesus, mas foi Ele mesmo quem apresentou um problema a Filipe: "Onde compraremos pão?".

Mesmo sabendo o que deveria ser feito, Ele deu oportunidade a Filipe para criar estratégias e viver o milagre. Ao pensarmos em estratégias terrenas para a solução dos nossos problemas, não agimos de forma errada. Nossa capacidade intelectual nos foi dada perfeita através do poder da criação divina. Porém, o Senhor nos confronta a deixar de lado toda e qualquer preocupação com a escassez, entregar em Suas mãos e confiar na provisão divina.

Leve até o Mestre! Seja qual for a multiplicação necessária para sua vida. Apresente seus cinco pães e dois peixinhos. Deus quer trabalhar e resolver em nós aquelas questões impossíveis, onde nem o dinheiro, nem pessoas influentes, nem a ciência podem agir. Entregue suas causas impossíveis para que haja dependência e provisão.

Quem é de Deus, ouve.

"Aquele que não é de Deus não nos ouve." I João 4:6

Vemos muitas pessoas reclamando do jeito que os pastores falam com elas. Filhos reclamam da forma que a mãe chama sua atenção. Empregados se queixam do modo como os empregadores se dirigem a eles. Alguns se queixam até dos amigos, quando estes tentam chamar à razão por algum motivo.

O que acho interessante é que, muitas vezes, focar na forma como alguém nos repreende é uma fuga para não analisarmos a atitude que foi alvo da crítica. É mais fácil nos esconder atrás da queixa do que mudar; então, simplesmente não damos ouvidos.

João é o apóstolo do amor. E mesmo assim está falando que algumas pessoas não dão ouvidos. E qual o motivo? A forma que João falou? Não. Simplesmente não são de Deus.

Queridas, quem é de Deus ouve a repreensão. Devemos ouvir quando alguém nos corrigir, mesmo que essa pessoa falhe na forma de nos trazer a correção. Você já pensou que elogio a gente aceita de qualquer jeito? Até emoji com olhos de coração já aceitamos. Mas, correção...

Lembra de Davi? Quando Natã, o profeta, veio confrontá-lo, ele simplesmente reconheceu o erro e se arrependeu. Foi pelo caminho da mudança e achou o perdão.

Qual caminho você toma quando alguém te mostra onde está errando?

Você é uma mulher de Deus? Quem é de Deus ouve.

Vença a Ansiedade

"Não andem ansiosos por coisa alguma."
Filipenses 4:6a

A ansiedade é a preocupação intensa, excessiva e persistente gerando desconforto físico no momento da crise, como palpitação, coração pulsando forte ou acelerado; sensação de garganta fechada; suor, tremores; falta de ar, sensação de desmaio; náusea ou desconforto abdominal; formigamentos. Quando o apóstolo Paulo escreve aos Filipenses, ele sugere que essa ansiedade gere alguns transtornos e inquietações no dia a dia.

Segundo a OMS, vem crescendo muito o transtorno de ansiedade entre a população brasileira. De fato, existem muitas coisas que podem nos preocupar: filhos, casamento, emprego, negócio, dinheiro, ministério, familiares e até o medo de um problema físico.

Mas essa exortação amorosa traz conselhos para a alma como, por exemplo: conte o que está gerando a ansiedade, ou seja, derrame tudo, e tudo mesmo, diante do Senhor com orações e súplicas.Tenha tempo de qualidade no quarto secreto da oração. Essa atitude traz a garantia de que se receberá a paz que excede todo o entendimento; outros não serão capazes de compreender como alguém pode estar em paz no meio da tempestade.

Por fim, o remédio para a ansiedade é concentrar-se no dia, seu presente, no *hoje*. Confie sempre que o amanhã está no controle e no cuidado de Deus.

Vença a ansiedade antes que ela vença você. Viva o hoje! O Senhor conhece suas necessidades.

É tempo de ver e apreciar o belo

"Aparecem flores na terra, e chegou o tempo de cantar;"
Cânticos 2:12a

Nem todos os seres humanos têm olhos para o belo. Na verdade, apenas alguns conseguem ver beleza em tudo. Contemplar o belo implica em mudança de atitude. É possível que você já esteja pensando que a vida é dura demais, séria demais, pesada demais, atarefada demais. Ah...talvez já está estressada só de pensar que para ver o belo é necessário ver com os olhos do coração. Logo, você não tem tempo para observar a beleza das flores.

Talvez hoje você já acordou preocupada com a economia, com seu emprego, com sua saúde ou com a saúde de alguém da sua família, com o casamento, com os filhos, com os afazeres da casa. Afinal, preocupação é o que não falta pra você. Mas gostaria que você refletisse: *É possível mudar tudo aquilo que te preocupa? Essa preocupação que ocupa sua mente e rouba a sua energia tem cooperado para o seu crescimento?* Caso você não saiba ou tenha esquecido, os efeitos das preocupações que ocupam nossa mente são nocivos e nos adoecem.

Na verdade, a maioria das nossas preocupações não se concretiza, fica apenas no campo da nossa imaginação. Sendo assim, gostaria de chamar sua atenção para aproveitar o dia de hoje; sim, *o agora*, para desfrutar de modo singular de tudo que está à sua volta.

Muitos já não conseguem aproveitar a vida com prazer. Estamos tão distraídas, tão ocupadas e muitas vezes tão amarguradas, que o belo não nos impressiona. Admito que a preocupação já foi um grande problema na minha vida. Enganei-me pensando que me preocupar resolveria meus problemas. De repente, me dei conta de que meu Pai Celestial cuida de mim com excelência e que Ele é responsável pela minha história. Ele é responsável pela sua história. Ele não é um Pai inconsequente.

Ele criou a fauna e a flora para você desfrutar do colorido dos pássaros e do perfume das flores, do clima agradável, da beleza do entardecer deste magnífico dia chamado hoje. Ele criou *para você*! Criou para alegrar seus dias, para encantar seus olhos, para perfumar sua vida. Ele criou a natureza para você!

Mais que Amigos

09 de Junho
por Karina Guedes

"E Tu, quem dizes que eu sou?" Marcos 8.29

Quando nos convertemos, conhecemos o Deus Salvador, ficamos deslumbrados, agradecidos e apaixonados por Ele. O tempo passa e entendemos que podemos recorrer a Deus não só como Salvador, mas como o que mais precisarmos que Ele seja, e então, conforme caminhamos, vamos conhecendo Seus atributos e para cada fase da vida, o chamamos de uma forma.

Há momentos que ele é Rocha, em outros, Provedor, Senhor, Príncipe da Paz; Ele vai sendo as respostas às perguntas que a vida nos faz. Aleluia!

Quem tem sido Deus em sua história? Meu convite para você hoje é: encha sua boca com um cântico novo, traga à sua memória Quem Deus tem sido para você e celebre a história que vocês têm escrito juntos.

Deus é um Deus pessoal, adore-o de forma pessoal; cante um louvor jamais ouvido, tipo aquelas coisas que se faz com amigos, sabe? Códigos que criamos com quem caminha conosco no dia a dia; quem está ao redor não sabe o que está sendo dito, mas você e o seu amigo sabem.

"Eu já não os chamo servos, mas amigos" João 15:15

Decida fazer o bem

"Enquanto temos oportunidade, façamos o bem a todos"
Gálatas 6:10

Ao se entregar na cruz, Jesus redefiniu o conceito de amor, definindo as bases do Evangelho como sendo as expressões de amor que devem guiar a vida cristã. Não existe amar a Deus e rejeitar ao próximo. Jesus relatou a Pedro que se ele O amasse verdadeiramente, deveria apascentar Suas ovelhas, ou seja, cuidar do próximo.

Estender a mão ao necessitado, socorrer o aflito na angústia, amparar o órfão e a viúva, dar o pão ao faminto, são atitudes que agradam a Deus e geram bençãos para aqueles que abençoam.

Relatos de amor são inconsistentes se não têm atitudes que comprovam do que está cheio o coração, porque ninguém pode dar o que não tem. I João 4:19 diz que nós amamos porque Ele nos amou primeiro. Toda expressão de amor é gerada por Ele, através Dele e para Ele. Não nos cansemos de fazer o bem, porque a colheita é próspera se estiver sendo semeada em amor. Mas, não pense como os religiosos, que por pura obrigação moral e social devem cumprir esse chamado. O verdadeiro amor flui natural- mente; eu simplesmente entrego amor porque estou cheio dele, afinal, não fomos salvos para reter as bênçãos apenas para nós, sem as compartilhar. Jamais veremos o justo desamparado e nem sua descendência mendigar o pão.

Devemos ter pressa em ajudar o próximo. Ter presteza em estender a mão aos necessitados. Devemos ter mais alegria em dar que receber. Ter mais prazer em ser um canal de bênção do que um receptor dela. Decida hoje fazer o bem.

Quem se abre, alcança cura

11 de Junho
por Fabiana Menezes

"Se confessarmos os nossos pecados, ele é fiel e justo para nos perdoar os pecados, e nos purificar de toda a injustiça."
I João 1:9

Arrepender-se, confessar pecados uns aos outros, liberar perdão e se humilhar diante de Deus traz cura, libertação e restauração (Tiago 5:26). Os nossos pecados que não foram redimidos pela confissão e arrependimento irão paralisar a nossa vida emocional, espiritual e física, e podem chegar até nossa descendência.

Confessar é trazer para a luz o que está nas trevas, lidando com nossas escolhas e responsabilidades para sermos redimidos e curados através da verdade, do arrependimento, quebrantamento e do perdão de Deus. Só o sangue de Jesus purifica nossos pecados, mas não purifica os pecados ocultos. Se nosso orgulho, culpa ou vergonha nos impedir de humilharmo-nos diante de Deus, ficamos presos. Deus rejeita os orgulhosos, mas os humildes alcançam graça (Tiago 4:6). Quanto maior for a nossa transparência, a verdade do nosso coração e nossa humildade, maior será a libertação, a cura e o perdão que recebemos de Deus. A verdade sempre tem um poder libertador (João 8:32).

Precisamos prosseguir com o passado resolvido, não insistindo no erro. Se prosseguirmos sem resolver situações que precisam de confissão, vamos ficar esgotados (Salmos 32:3-5). Deus tem graça e misericórdia abundantes para nós quando confessamos pecados, nos arrependemos e queremos mudar nossa vida.

"Há muitos que dizem que confessar os pecados é algo mórbido. Eu digo que mórbido é não confessá-los. Mórbido é ocultar o pecado e deixar que ele corroa a alma" G. K. Chesterton

Como nasce o amor

"Nós amamos porque Ele nos amou primeiro." I João 4:19

Você já parou para refletir sobre como nasce o amor? Vamos pensar em como acontece a paixão entre um casal. E antes que você ache que isso não tem nada a ver com um devocional, lembre-se de que na Bíblia a Igreja é chamada de "noiva de Cristo" e o evento mais importante e mais aguardado de todos os tempos se chamará "Bodas do Cordeiro" (Apocalipse 19:7-9). Além disso, em alguns textos bíblicos, o relacionamento entre um homem e sua esposa também é comparado com o relacionamento de Jesus com "Seu Corpo" aqui na Terra (Efésios 5:25-27).

Enfim, não acredito que duas pessoas se apaixonam instantaneamente uma pela outra, embora muitos filmes e livros românticos insistam em retratar o início do amor dessa forma. Na maioria dos casos, uma pessoa se apaixona primeiro e, a partir daí, começa a ter atitudes e comportamentos que despertam o sentimento na outra. Pense bem, o processo de reciprocidade que culmina no início de um relacionamento visando o matrimônio geralmente envolve atitudes de gentileza, cuidado e atenção. Ou seja, uma parte se empenha primeiro e a outra responde na mesma proporção.

O que isso tem a ver com nosso relacionamento com o Senhor? Leia novamente o versículo lá do início. Se você parar para observar, tenho certeza que perceberá as atitudes do Senhor desde sempre para despertar seu amor por Ele. Porque Ele já te ama desde a fundação do mundo. Começou com Ele, e temos motivos de sobra para corresponder a esse amor. O amor nasce no coração do Pai!

Por que é difícil concluir o que você começa?

"Melhor é o fim das coisas que o começo."
Eclesiastes 7:8

O começo traz consigo uma empolgação que é testada pelo tempo. O Diabo odeia e trabalha contra seu progresso e vai fazer de tudo para que você desista dos sonhos e projetos que Deus te deu. Vai mentir diminuindo sua capacidade de realização, vai te comparar com outros e deixar evidentes seus fracassos, seus recursos e inabilidades. Precisamos caminhar diariamente com Jesus para nos apossarmos das verdades contidas na Palavra de Deus, que nos dão autoridade para combater as mentiras do Diabo. Conscientes de nossa condição em Cristo, agimos de forma intencional e estratégica, nossa perseverança tem esperança; nossa disciplina, objetivo.

A Palavra de Deus nos diz quem somos. Se caminhamos firmes nessas verdades, ainda que sejamos afligidos, não seremos destruídos, e assim também nossos propósitos. Parte essencial nesse processo de realização é a consciência da autorresponsabilidade, o fato de termos palavras que nos dão direção não nos tira a necessidade de fazer nossa parte.

Precisamos entregar a Deus e aos nossos objetivos nosso melhor. Como? Explorando todos os recursos disponíveis para a realização do projeto da melhor forma possível. Se você olha para o seu projeto após inúmeras tentativas, sejam eles grandes projetos ministeriais ou o que consideramos menores, como a construção de uma rotina em seu lar, pare, olhe mais uma vez, chame outras pessoas para te ajudar por um outro ângulo e busque novas formas de pensar; leia a respeito, estude, veja o que a Bíblia diz sobre esse assunto. E continue sua obra até o fim! Você consegue!

 **Pare!**

"Aquietai-vos e sabeis que sou Deus."
Salmos 46:10

Um imperativo dessa natureza parece destoar das vozes dominantes na sociedade "zumbi", que não dorme nem descansa e estimula a cada minuto a agenda lotada como sinônimo de sucesso. A questão é que não somos máquinas programadas para um fim. Nosso caminho vai sendo construído entrelaçado com acontecimentos que fogem do planejado. O homem, para ser pleno, precisa cuidar de suas dimensões física, mental e espiritual. Tome essas três dimensões entrelaçadas aos acontecimentos externos e então teremos a vida assim como ela é: imprevisível, surpreendente e, por vezes, dolorosa. Se rigidamente comprometidos com nossas metas de sucesso não lhe dermos a devida atenção, ela nos fará parar. De um jeito ou de outro. Nosso físico ruirá. Nossa mente fraquejará. Nosso homem espiritual definhará.

Pausas são necessárias. Quando não damos atenção às nossas emoções e nem tempo para chorar as tristezas... tudo se acumula, tornando o passo cada vez mais pesado. Um estresse aqui, uma irritação ali. Daqui a pouco, está roubando sua energia de fazer o que amava; rouba o sono, a paz e quando você menos espera, já está sem prazer pela vida.

Pare! Não apenas pela chance de adoecer. Mas pare a fim de viver. Deixar de viver é a maior miséria do homem. Suplantar pessoas por coisas, sua maior derrota. Parar não significa retroceder... significa colocar uma vírgula necessária em uma frase que, de outra forma, ficaria tão longa que já não teria mais sentido. Parar nos permite desafogar, amar e descansar. Como diz minha sábia mãe: "quem caminha (e se permite pausar) alcança, quem corre cansa".

Dançando

Tendo pois, Davi, servido ao propósito de Deus em sua geração, adormeceu e foi sepultado... Atos 13:36

Escrever sobre a história do Rei Davi me trouxe muitos ensinamentos e um deles quero compartilhar com você hoje. Davi é conhecido por ser um homem segundo o coração de Deus, mas há um versículo sobre ele que me encanta: Atos 13:36.

Ele serviu ao propósito: tangia e expulsava demônios, cuidava das ovelhas com zelo, matou leão, matou urso, fazia entradas triunfais vitorioso nas batalhas, ouvia o cântico das mulheres sobre suas proezas militares, tinha a admiração e amor de seus valentes, enriqueceu, nunca perdeu nenhuma batalha, se casou com princesas... tantas coisas maravilhosas, não é? Que vida incrível teve Davi!

Mas o que me deixa encantada é que em nenhum dos episódios acima, que no nosso entendimento podem representar sucesso, ele dançou.

A Bíblia mostra uma alegria exuberante em Davi quando conseguiu, depois de uma tentativa frustrada, finalmente conduzir a Arca da Aliança até Jerusalém. A alegria de Davi estava na presença de Deus!

Fama, riqueza, vitória nas guerras, amizade, amor das mulheres, conquistas... eram coisas significativas. Tudo bem. Mas ver a Arca no lugar certo, do jeito certo, foi o que fez o coração do rei exultar, a ponto de dançar por cerca de 25km, da casa de Obede Edom até Jerusalém!

O que te faz dançar, minha irmã? O que enche seu coração de verdadeira alegria? Não seria um bom convite colocar nosso coração no lugar certinho e repensar onde temos colocado nossa motivação para celebrar?

A arca chegou: Deus está presente! Esse motivo deve ser maior do que qualquer outro na nossa vida. Deus está presente! Isto basta!

A Escolha Certa

por Mônica Assis

"Todavia, uma só causa é necessária.
Maria, pois, escolheu a melhor de todas..." Lucas 10:42

Naquele dia Jesus chegaria para uma visita e Marta e Maria se apressaram para deixar tudo nos conformes. A Bíblia não relata que horas Ele chegaria, elas só sabiam que Ele viria e estavam ansiosas por aquela visita, afinal, se tratava de alguém muito especial, um amigo da família, alguém muito querido. Finalmente, Ele chegou... porém, nem tudo estava pronto, fazendo com que Marta continuasse seus afazeres domésticos, tudo para bem servir o Mestre. Diante de tamanha expectativa, Maria pode ter pensado: *Bem, o que tinha para fazer, já fiz. Se há mais coisas, farei depois; agora quero dar toda atenção ao Mestre.* Marta ficou indignada com a atitude de sua irmã, possivelmente dizia para si: *Como Maria é folgada.... me deixa aqui trabalhando sozinha. Jesus pode esperar um pouco.*

Muitas vezes somos como Marta; a mente cheia de preocupações que não nos deixam fazer escolhas certas. É fato que devemos nos organizar e nos preparar e não há nada de errado nisso. Porém a hora de estar com Jesus deve ser de total atenção a Ele e nada deve tomar Seu lugar. Maria escolheu a melhor parte, que é conversar e aprender com os ensinamentos de Jesus. Quem é você nessa história, Marta ou Maria?

Devemos priorizar a Deus em nossas vidas, e isso não abre precedentes nem justificativas para não fazer o que deveria ser feito, para não ouvir o que Ele tem a dizer. Sobretudo porque, com Sua ajuda, podemos colocar em ordem todas as áreas de nossas vidas.

Despertar

"E digo isso a vós outros que conheceis o tempo: já é hora de vos despertardes do sono". Romanos 13:11

Quantas coisas ocupam a mente feminina? Casa, trabalho, filhos... Enfim, a lista é longa. Muitas vezes mergulhamos no automático e passamos a viver como um robô.

Quantos sonhos e desejos temos escondidos no coração que talvez acreditemos não sermos capazes de realizar?

Muitas são as situações que nos trazem infelicidade e acreditamos que não podemos mudar. Já é hora de despertarmos do sono e entendermos que toda mudança exige uma ação.

Durante toda minha vida eu trabalhei com artes manuais: artesanato, tricô, etc., entretanto, não tinha a satisfação que buscava. Então algo me levou à confeitaria e eu comecei a sonhar! Para realizar esse sonho eu precisei sair da minha zona de conforto e ir em busca de conhecimento. Eu me descobri capaz de ir além de tudo o que imaginei.

Já é hora de deixar a estagnação de lado e orar, agir, e ir em busca do novo que Deus tem para nós.

Não deixe que as suas limitações te travem, porque os caminhos do Senhor são mais altos que os seus caminhos e os pensamentos Dele são mais alto que os seus pensamentos.

Não acreditar em você e ficar paralisada não vai te trazer nenhum resultado. O Senhor está pronto a nos capacitar, mas precisamos dar o primeiro passo. Existem situações que para mudanças ocorrerem, vai depender apenas de nós.

Que possamos acordar e abrir os nossos olhos para um novo amanhecer; Deus nos ajudará a ir além, em busca dos nossos sonhos e conquistas.

Contemple e desfrute

"Não se preocupem com a sua própria vida, com o que comer ou beber..." Mateus 6:25-34

Hoje parei por alguns minutos da manhã para observar a natureza e contemplar a beleza que nela existe. Pude me deliciar de momentos ímpares, que, se não tivesse propositalmente parado, não teria visto o que vi. Dois pombinhos com tamanha singeleza acariciavam um ao outro; ela, do seu jeito, demonstrava que estava ali, enquanto ele se mexia de lá pra cá, chegava perto dela, se beijavam encostando o bico um no outro e então chegavam ao momento do acasalamento.

Que coisa linda ver como Deus criou tudo com tamanha perfeição e ver o casal de pombinhos desfrutando de tudo! Meu coração se alegrou. Lembrei da passagem do cuidado que Deus tem com a natureza; eles não semeiam, nem colhem e nem armazenam, mas o Pai Celestial cuida deles. Isso é sobrenatural!

Infelizmente, por estarmos focados no que vemos e não no que cremos, não conseguimos enxergar o que Ele faz. A Palavra diz que se os nossos olhos forem bons, todo nosso corpo será cheio de luz, mas se forem maus, todo nosso corpo será cheio de trevas (Mateus 6:22-23).

Queridas, nosso valor é inestimável; ele não se compara ao de um pássaro (v. 26). Afinal, que amor é esse que levou um Pai a enviar Seu Filho para morrer por nós? Você já pensou nisso?

Que possamos desfrutar diariamente desse cuidado, vivendo cada dia com muita gratidão em nossos corações, deixando o Senhor moldar nossa mente para desfrutarmos da boa, perfeita e agradável vontade de Deus para nós. Amém!

Se preciso for,
Ele muda tudo a seu favor

19 de Junho

por Priscila Aguilar Ribeiro

"O sol parou, e a lua se deteve, até a nação vingar-se dos seus inimigos... O sol parou no meio do céu e por quase um dia inteiro não se pôs." Josué 10:13

Como é bom ver o Senhor trabalhando em nosso favor e suprindo as nossas necessidades! Lembro de quando fui auxiliar de Capelania em um hospital conhecido aqui em Campinas, a Unicamp. Auxiliava durante toda a semana, das 7h às 16h, e ao término ia direto para a faculdade teológica, que terminava às 22h.

Eu precisava de uma boa alimentação no almoço, mas não me acostumei com a comida servida no restaurante principal do hospital, a comida que era servida para a maioria dos funcionários. Sou uma pessoa que come quase que de tudo, e aquela situação era bem difícil para mim. Então, combinei com algumas amigas de cozinharmos em uma cozinha pequena que havia no nosso setor, mas não tivemos sucesso.

Tentei levar marmita de casa, mas também não tive sucesso, pois chegava muito tarde e na maioria das vezes não tinha comida pronta para eu levar. Então passei a pedir ao Senhor que me fizesse gostar da comida, mas parecia ser algo impossível.

Até que um dia me chamaram e disseram que a minha alimentação não seria mais no restaurante principal, mas em um restaurante particular. Um dos restaurantes, ou o restaurante mais gostoso que existia ali. Deus mudou a forma da alimentação de todos os voluntários para que eu fosse beneficiada!

Achamos egoísta pensar que situações mudam em nosso favor, mas não é isso que a Bíblia diz. Vemos que até mesmo o sol parou para que Josué pudesse terminar a sua batalha.

Não Temas

"Não temas, crê somente." Marcos 5:36

Enquanto Jesus estava à beira do mar, uma grande multidão se reuniu ao Seu redor e um homem chamado Jairo se aproximou, e apesar de ser um homem rico e religioso, estava desesperado, seu coração estava aflito. Jairo se aproximou de Jesus, se prostrou diante Dele e suplicou por ajuda pois sua filha estava muito enferma.

Jairo e Jesus estavam a caminho de sua casa quando foram interpelados por uma mulher que também precisava de um socorro urgente do Senhor Jesus. Nesse ínterim, Jairo recebeu a notícia de que sua filha já havia falecido. O coração de Jairo estava em pedaços e alguém olhou para ele e disse: "Não incomodes mais o Mestre". Naquele momento de desespero, Jesus olhou para Jairo e o encorajou dizendo: "Não temas, crê somente". Apesar de toda a dor, Jairo reconheceu que estava diante de alguém maior do que ele e reconheceu o poder de Jesus; ele creu que Jesus poderia trazer sua filha de volta à vida.

E você, continua crendo em Jesus quando as circunstâncias fogem do seu controle? O caso de Jairo era grave, mas o daquela pobre mulher também era. Jairo talvez não estivesse entendendo porquê Jesus parou para atendê-la, já que o seu caso requeria tamanha urgência, mas nós precisamos entender que Jesus nunca está atrasado, Ele nunca é pego de surpresa. Aquilo que para nós são imprevistos, jamais frustrarão os planos de Deus.

Na hora que os nossos recursos se esgotam, Jesus nos encoraja a prosseguir. Quando as coisas parecerem perdidas, a Palavra de Jesus ainda deve ecoar em nossos ouvidos: "Não temas, crê somente"!

Sonhos de Deus

"O profeta que tem um sonho, conte o sonho, e o que tem a minha palavra, fale a minha palavra com fidelidade. Pois o que tem a palha a ver com o trigo? pergunta o Senhor." Jeremias 23:28

Vemos na história de José que ele teve um sonho. Quem nos dá sonhos? Deus. Quando estamos em sono, não temos controle sobre o que sonhamos e este é um canal que Deus escolhe para falar ao nosso coração. *"E ele disse: "Ouçam as minhas palavras: Quando entre vocês há um profeta do Senhor, a ele me revelo em visões, em sonhos falo com ele." Números 12:6*

Vemos inúmeras pessoas na Palavra que Deus usou este meio para falar com elas: Maria, José, Salomão (1 Reis 3:15), Nabucodonosor (Daniel 3:1), Daniel (Daniel 7:1), até a mulher de Pilatos (Mateus 27:19). Talvez o relato mais impressionante seja o de Gideão, que ouviu o sonho de outra pessoa, casualmente, e entendeu que Deus estava falando com ele! Leia Juízes 7:13-15. Incrível!

Muitas pessoas tem medo de contar seu sonho para que ele não seja roubado e deixe de se realizar, mas não é assim que a Bíblia ensina! Quem tem um sonho, deve contar o sonho! Isso é fé! Jeremias 23:28

Os religiosos não podem viver os sonhos de Deus. Os que obedecem por obrigação e de má vontade, como os irmãos de José, não podem viver os sonhos! Aliás, eles nem sonham.

O Senhor quer usar os que tem ousadia para sonhar! Que tal tirar esse tempo hoje e orar para que Deus te dê sonhos espirituais e fale contigo no seu descanso? Acredito que seria uma experiência maravilhosa para a sua fé!

Macarrão com ovos

O ano de 2020 trouxe consigo pandemia, desemprego e... entramos no vermelho! O orçamento diminuiu e foi necessário jogo de cintura para lidar com a situação e chegou um tempo diferente em nossa casa: o tempo do macarrão com ovos.

Com as contas no vermelho, o macarrão nas refeições virou rotina. Algumas vezes até disse para o meu marido: "Quando sairmos dessa fase, eu nunca mais vou comer macarrão". Não estava reclamando ou sendo ingrata, mas é que o paladar da gente pede outra coisa.

Certo dia meu marido preparou o almoço e me chamou para comer. Eis que havia uma bela panela de macarrão com ovos cozidos. Eu comecei a sorrir. De certa forma, mesmo querendo comer outra coisa, meu coração estava alegre e cheio de gratidão.

O meu estado emocional não depende do que eu tenho, a minha fonte de alegria e satisfação não está nas coisas palpáveis. Eu entendo se você disser, "Sandy, eu preferiria sofrer em Paris". Eu posso até concordar, mas desejo compartilhar com você a ressignificação que eu vivi. Eu sei que esse tempo vai passar, que estou amadurecendo neste processo e que há propósito para todas as coisas.

Eu entendo que me torno cada vez mais parecida com aquilo que eu adoro. Se eu enalteço minhas insatisfações através de reclamações, eu fico presa naquele contexto.

Quero te convidar a dar um novo significado para o momento que você tem vivido; ele é passageiro. Portanto, não permita que este momento deixe marcas ruins. Alegre-se, independentemente da sua condição.

Melhor do que ser curada é não se ferir com as próprias projeções.

Trazendo à memória o que me dá esperança

"Quero trazer à memória o que me pode dar esperança."
Lamentações 3:21

Quando eu era criança, decorava os versículos, os personagens e as histórias bíblicas como em um jogo. Como eu gostava de saber todas as respostas quando as professoras da escola dominical faziam as perguntas, e amava ganhar todas as gincanas...

Por mais que, quando nova, pensasse ser uma brincadeira divertida, hoje percebo o quão importante foi para mim guardar todas essas informações não apenas em minha mente, mas em meu coração. São os versículos da Bíblia, as histórias reais dos personagens, cheias de fé e milagres, que me trazem à memória o que me dá esperança para prosseguir.

Não importa como o seu dia começou hoje, peça ao Espírito Santo para te fazer lembrar das Palavras consoladoras, cheias de paz e esperança do nosso Mestre Jesus Cristo, e siga em frente.

Lembre-se de quem Ele é e tudo o que pode fazer! Ele é o mesmo ontem, hoje e para sempre será! Seu Deus abre o mar para que você atravesse para o outro lado em segurança. Ele cura, Ele liberta, Ele vence as batalhas de seus filhos, Ele ressuscita os mortos, grande é Seu amor e Sua fidelidade. E um dia Ele virá nos buscar e nos levar de volta para casa, onde não haverá mais choro, nem tristeza.

Não esqueça do quão poderoso é o seu Senhor, confie Nele! Que seu coração seja cheio de esperança e fé; Ele é o Deus do impossível!

Comunhão é adoração

"Nisto conhecerão que sois meus discípulos, se vos amardes uns aos outros." João 13:35

A essência de Deus está no relacionamento. O Pai, o Filho e o Espírito Santo são três pessoas distintas, que numa simbiose constante e eterna geram vida e tudo que existe. Ainda que tenham cada qual funções e aspectos únicos, a Divindade desfruta de tamanha comunhão que se tornam *Um*. Esse mistério deve ser refletido entre os salvos pela graça.

Imagine uma pessoa que reserva o dia para se consagrar a Deus. Alguém liga precisando de uma ajuda, uma palavra ou simplesmente uma oração, e a batalha espiritual começa... pois a primeira reação é irritação que sente por estar sendo incomodado. *Como alguém se atreve a interromper meu momento com Deus?* No entanto, não há relacionamento mais íntimo com o Criador do que quando nos relacionamos com o próximo e o servimos em suas necessidades.

É um genuíno ato de adoração quando procuramos estabelecer a comunhão tão bem representada pelo Deus trino. Se somos canal do amor de Deus por Suas criaturas, que antes de serem filhos estão perdidas como ovelhas sem pastor, negar essa funcionalidade não nos levará para mais perto de Deus.

Li certa vez que "uma palavra gentil para quem dela necessita é um ato de adoração". Às vezes é cansativo, incômodo e difícil manter a comunhão com quem não é agradável, amável ou fácil de lidar. Mas Jesus veio para os que estão doentes... e talvez a única chance de alguém com a alma enferma ser alcançado por esse amor será exatamente pela forma como você o serve.

Tem que dar errado para dar certo

25 de Junho
por Silvia Nicolai

"E sabemos que todas as coisas contribuem juntamente para o bem daqueles que amam a Deus, daqueles que são chamados segundo o seu propósito." Romanos 8:28

Assim também nos ensina a Palavra de Deus: *"Pois os meus pensamentos não são os pensamentos de vocês, nem os seus caminhos são os meus caminhos, declara o Senhor. Assim como os céus são mais altos do que a terra, também os meus caminhos são mais altos..." (Isaías 55:8-9).* Logo, se tudo for "do meu jeito" nem sempre alcançarei o centro da vontade do Senhor e Seus sonhos para a minha vida.

As tribulações nos tiram das zonas de conforto, nos amadurecem e nos levam a novos caminhos se olharmos para elas com os olhos do Espírito Santo. Nelas há tesouros escondidos em meio às tribulações, lugar de milagre, do impossível de Deus, que somente os que perseveram e vão até o final conseguem alcançar. Mudanças abençoadoras que gerarão frutos para você e para todos ao seu redor!

Portanto, minha amada, não desista! Espere e persevere! Deixe Deus ser Deus em sua vida. Pare e reflita: como você tem se comportado diante de suas frustrações frente às suas expectativas? Tem conseguido avistar o agir de Deus diante da demora ou de Seu silêncio? Você tem dificuldade nas mudanças de agenda naquilo que já havia sido programado para o seu dia?

Te desafio então a observar com atenção esse "mover". Tenho vivido isso de forma maravilhosa e surpreendente. Experimente você também! O melhor mesmo é do jeito Dele, não é mesmo?

Por que Perdoar?

"Porque, se perdoardes aos homens as suas ofensas, também vosso Pai Celestial vos perdoará." Mateus 6:14

Você já parou para pensar que talvez o seu senso de justiça seja extremamente humano e por isso, falho? Porque sempre nos achamos com a razão, então pode ficar mais difícil e desafiador pedir e conceder perdão.

O perdão é muito importante pois nos liberta de maus sentimentos como o rancor, a raiva que se não forem resolvidos rapidamente podem se transformar em raiz de amargura.

Existiu um povo que, ao julgar um homicida, sua sentença era amarrar no corpo dele o cadáver da pessoa que ele tinha assassinado e mandá-lo para o deserto; ali ele levava sobre suas costas o corpo sem vida. Ele apodrecia e as aves do céu vinham e comiam aquele corpo morto, já cheio de bichos, e acabavam comendo também o assassino ainda vivo. É assim que ele morria. Era uma das penas mais cruéis daquela época.

Essa cena pode parecer horrível para você, mas vou usar esse exemplo para fazer um paralelo com o que acontece quando você não perdoa. Esse morto pode estar representando o peso das mágoas, dos rancores e amarguras que você está carregando nas suas costas e talvez não tenha se dado conta; para onde você vai carrega espiritualmente as pessoas a quem ainda não perdoou. Esse peso causa morte espiritual, emocional e física.

O perdão traz cura e libertação para sua vida, e liberta também as pessoas que estão cativas a você. Jesus já nos libertou, tome posse!

A nossa esperança em Cristo

*"Jesus, porém, ouvindo-o, respondeu-lhe, dizendo:
Não temas; crê somente, e será salva."*
Lucas 8:50

A espera é uma palavra pouco utilizada nos tempos atuais e com certeza esperar não é um requisito em muitas áreas. Exemplos disso são: a internet, o celular, o notebook, micro-ondas, fast food, entre muitos outros. Mas, a espera é uma habilidade a ser desenvolvida. Com certeza toda mulher precisa desenvolver essa habilidade, pois requer compreensão de tempo, espaço e importância.

No desejo de agilidade e praticidade, temos esquecido a necessidade da espera. Mas nesse texto vemos Jesus desenvolvendo a espera em Jairo, pois o Cronos Dele não é o mesmo que o nosso, e corremos o sério risco de perder o milagre na busca da pressa.

Quando Jesus diz a Jairo: *"não temas, crê somente"*, o relógio de Jairo não parava. Porém, Jesus não tinha pressa. Durante a caminhada parou para conversar com uma mulher, como se o Seu relógio não estivesse funcionando. Mas Jairo não sabia que tempo de espera leva a milagres que não se esperava.

Jairo desejava que Jesus, o Cristo, curasse sua filha, mas o tempo tirou dele essa possibilidade. Quando recebeu a notícia de que sua filha estava morta, o seu tempo sincroniza com o propósito de Jesus. Ele agora não tem mais pressa, mas aguarda o Mestre ir até sua casa, e o que era cura, agora é *ressurreição*.

O seu tempo não é o mesmo do Eterno. Mas Ele sabe o momento *correto* de ir à sua casa. Em todo tempo e fora de tempo, Ele está com você dizendo: *"não temas, crê somente"*.

Discernindo a voz de Deus

por Tânia Carvalho Fontes

"... E disse Samuel: Fala, porque o teu servo ouve."
I Samuel 3:10

O contexto do capítulo 3 de I Samuel nos mostra que a Palavra do Senhor era muito rara naqueles dias. Quase não se ouvia um profeta, e em algumas ocasiões um anjo tinha que trazer a mensagem de Deus ao povo. O povo não ouvia a voz de Deus.

Quando Samuel ouviu Deus chamando o seu nome, ele foi até o sacerdote Eli, pois achava que era ele quem o chamava. Samuel não conhecia a voz de Deus porque era apenas um menino. Daí a importância do sacerdote Eli na vida de Samuel: ele o conduziu a reconhecer que aquela era a voz de Deus.

Muitas vezes nos enquadramos nessa história. Em meio a tantas vozes que nos cercam através de mensagens, profecias e vídeos, como reconhecer a voz de Deus? É necessário sermos pessoas maduras para discernir quando *realmente* é Deus quem está falando.

Os falsos profetas e mestres continuam existindo, e às vezes somos enganados por causa da nossa imaturidade espiritual. Falta leitura bíblica, oração e uma maior intimidade com Deus.

Hoje Deus nos fala através da Bíblia. É ela que deve ser nossa bússola em todas as decisões. É dela que devemos tirar as respostas para os dilemas que enfrentamos diariamente. A Bíblia tem respostas para todo problema não orgânico. Ela é suficiente, atual, verdade absoluta. É através da Bíblia que recebemos toda instrução que precisamos para sermos bem-sucedidos em tudo.

Portanto, toda voz em nosso meio que não tem amparo bíblico não é a voz de Deus. A voz de Deus traz paz e não deixa dúvida!

Entregar, confiar e esperar

29 de Junho
por Tânia Gonzales

"Entrega o teu caminho ao SENHOR;
confia nele, e ele tudo fará". Salmos 37:5

Você certamente já orou assim: *"Senhor, entrego a minha vida a Ti e todos os meus problemas em Tuas mãos"*. Será que foi uma entrega completa? Quantas vezes você fez esse tipo de oração entregando tudo a Deus, mas como a resposta demorou um pouquinho, você tirou das mãos Dele e tentou resolver do seu jeito?

Você pode até questionar: *Como posso tirar algo das mãos de Deus?* Quando você deixa de confiar, quando começa a se entristecer por causa daquele problema e a pensar: *"Não aguento mais esperar, está demorando muito. Deus nem deve ter me ouvido! Por que preciso esperar tanto para receber?"* A resposta é simples: Deus sabe o que é melhor, Ele vê muito além, Ele conhece todos os nossos amanhãs.

Pense nisso: quando o salmista diz: *"e ele tudo fará"*, não significa que vai ser exatamente do jeito que você quer, mas sim conforme a vontade de Deus. Por isso, fique em paz, acalme o seu coração e continue esperando em Deus! Sei que esperar não é algo que gostamos de fazer, porque somos imediatistas, mas durante a espera temos a oportunidade de aprender muito.

Quando precisamos esperar, temos a oportunidade de exercitar a paciência. Durante o tempo de espera podemos ter experiências que farão toda a diferença em nossa caminhada. Aproveite o momento de espera para estreitar a sua comunhão com Deus.

Interior Blindado

"Sobre tudo o que se deve guardar, guarda o teu coração, porque dele procedem as fontes da vida." Provérbios 4:23

No ano em que nasci as coisas eram bem mais difíceis do que agora. Nossos pais acordavam muito cedo, a maioria das famílias tinha mais de cinco filhos e os mais velhos cuidavam dos mais novos. Poucas famílias tinham diálogo e o que os mais velhos falavam era lei e ponto final. Quem tinha coragem de questionar alguma coisa? Só em pensamento (risos). A palavra *amor* era pouco falada.

Os professores eram bem rígidos e falavam coisas tristes, jogavam apagadores ou giz na testa dos falantes (já vi giz voando em minha direção, mas consegui me desviar). Ouvíamos na escola tudo o que mais à frente destruiria nossa identidade: Seu desgraçado, atentado, bichinha, feia, gorda, magrela ou Olivia Palito, quatro olhos, nêga do cabelo duro, fedida, etc., tudo isso no ambiente escolar. Eu me recordo de uma professora dizendo a um amiguinho de sala: *"Por que você não morre?"* Era o que eles tinham para oferecer. Quando não recebemos carinho ou afeto, não temos afeto para dar.

Dentro de casa (em muitas famílias) não era diferente. As palavras feriam a alma e as crianças não sabiam como se defender de tais ofensas. Nem imaginávamos o quanto elas prejudicariam nosso futuro. Quem nunca ouviu: "Seu inútil, imprestável, preguiçosa, molenga ou sem futuro"? Se você nunca ouviu, sinta-se privilegiada!

Hoje somos adultos com muitas sequelas com as quais não sabemos lidar. Todavia, você está em outro tempo e já sabe lidar com isso. Você não é mais aquela criança indefesa. Nem tudo que falam sobre você reflete quem você é. Não permita que palavras ofensivas e de desconfiança entrem em você. Você conhece seu Pai Celestial e Ele te chama de filha; portanto, guarde seu coração.

Conheça as autoras

Alessandra Porto
São Paulo, SP
@ales.porto_

Ana Silva
Belo Horizonte, MG
@anasilvapastora

Angélica Pina
Belo Horizonte, MG
@angelicamspina

Bruna Pisani
São Paulo, SP
@bcpisani

Carla Montebeler
São Paulo, SP
@carlamontebeler

Cris Paes Leme
Belford Roxo, RJ
@cris_paesleme

Conheça as autoras

Cristiane Silva
Campinas, SP
@oficialcrissilva

Denise Mariano
São Paulo, SP
@niniresgate

Eliette Lara
Maringá, PR
@eliettelara

Ellen Cristina
São Paulo, SP
@pecfamily

Fabiana Menezes
Belo Horizonte, MG
@fabianatmenezes

Fernanda Baptista
Guarulhos, SP
@drafernandabaptista

Conheça as autoras

Flávia Dantas
Guarulhos, SP
@dantasrodriguesflavia

Gabrielly Giovani
Vitória, ES
@gabbytupperware

Juliana Moraes
Boa Viagem, CE
@julianabezerradem

Ivone Santana
São Paulo, SP
@ivissantana

Karina Guedes
São Paulo, SP
@krn_guedes

Késia Mesquita
Teresina, PI
@kesiamesquita

Conheça as autoras

Luana Nazário
Maringá, PR
@luunazario

Magda Marins
Belford Roxo, RJ
@magdamarinspsi

Mônica Assis
São Paulo, SP
@monicacogic

Priscila Camargo
São Paulo, SP
@escritorapri

Priscila Aguilar Ribeiro
Campinas, SP
@priribeirofly

Romilda Felix
São Paulo, SP
@romildafelixs

Conheça as autoras

Silvia Regina Monteiro
São Paulo, SP
@prasilviaregina

Silvia Silva
Itapira, SP
@silvia_formigueirobolos

Sonale Brizola
Maringá, PR
@sonalebrizola

Tânia Carvalho Fontes
Vila Velha, ES
@sidracetania

Tânia Gonzales
São Paulo, SP
@livrosdetaniagonzales

Vand Pires
Campinas, SP
@vandpires

Conheça as autoras

Selma Cerqueira
Cabreúva, SP
@enf.selmacerqueira

Sidnéia P. Daroque
Maringá, PR
@sidneiapelissom

Rosimar Calais
Vila Velha, ES
@rosimar_calais

Ruth Mariano
Orlando, Flórida
@_ruthmariano

Sandy Bonifácio
Vila Velha, ES
@sandybonifacio

Silvia Nicolai
São Paulo, SP
@silvianicolaicoach_

CONTATO

○ @inspiracoes.upbooks

f Inspirações para o seu dia

🌐 www.upbooks.com.br/inspiracoes

@ inspiracoesparaoseudia2@gmail.com

Conheça a edição para adolescentes

17 JOVENS AUTORAS
COMPARTILHAM SUAS EXPERIÊNCIAS
SOBRE OS TEMAS:

DEPRESSÃO FUTURO
IDENTIDADE MUTILAÇÃO
PAIXÕES PATERNIDADE
PERDAS RACISMO
TENTAÇÕES VIDA CRISTÃ

*Uma ótima opção
para presentear!*

upbooks

www.upbooks.com.br/inspirateen

CONHEÇA A SÉRIE COMPLETA

Inspirações

Para o Seu Dia

Inspirações para o seu dia 1
Dagmar da Silva Mariano
ISBN: 978-85-66941-34-0
216 páginas

Inspirações para o seu dia 2
Autora: Vand Pires
ISBN: 978-85-66941-58-6
240 páginas

Inspirações para o seu dia 3
Carolina Padrão
ISBN: 978-85-66941-61-1
240 páginas

Inspirações para o seu dia 4
Vand Pires
ISBN: 978-85-66941-88-3
190 páginas

up books

LANÇAMENTO

*Inspirações Para o
Seu Dia - Volume 5*

Mais um volume com
textos edificantes para
te inspirar a enfrentar
- e vencer - um dia
de cada vez.

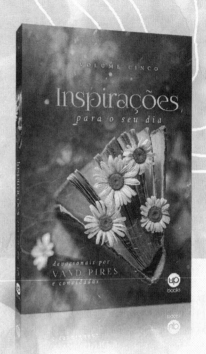

Conheça as autoras convidadas

CAROL GIMENES
Vila Velha, ES

CÍNTIA CIRIACO
São Carlos, SP

ELDA OCAMPOS
Guarapari, ES

ELISÂNGELA RANGEL
Vila Velha, ES

FÁBIA DIAS
Vila Velha, ES

LÍGIA BARBOSA
Campinas, SP

MÁRCIA R. ROSA
Vila Velha, ES

ROSIMAR CALAIS
Vila Velha, ES

SINDY BONIFÁCIO
Vila Velha, ES

TÂNIA C. FONTES
Vila Velha, ES

Made in the USA
Columbia, SC
03 June 2021